[英] 凯斯·阿什沃斯—罗德◎著

Keith Ashworth-Lord

郭 佳 乔盖乔◎译

巴菲特投资哲学

INVEST IN THE BEST

中国社会科学出版社

图字 01-2018-0586 号

图书在版编目（CIP）数据

巴菲特投资哲学／（英）凯斯·阿什沃斯-罗德著；郭佳，乔盖乔译．
—北京：中国社会科学出版社，2018.3

书名原文：Invest in the Best：Applying the principles of Warren Buffett
for long-term investing success

ISBN 978-7-5203-2006-1

Ⅰ.①巴… Ⅱ.①凯…②郭…③乔… Ⅲ.①巴菲特（Buffett，Warren
1930- ）-投资-经验 Ⅳ.①F837.124.8

中国版本图书馆 CIP 数据核字（2018）第 013665 号

First published in Great Britain in 2016
Copyright © Keith Ashworth-Lord

出 版 人	赵剑英
责任编辑	任　明
特约编辑	乔继堂
责任校对	杨　林
责任印制	李寡寡

出　　版	中国社会科学出版社
社　　址	北京鼓楼西大街甲 158 号
邮　　编	100720
网　　址	http：//www.csspw.cn
发 行 部	010-84083685
门 市 部	010-84029450
经　　销	新华书店及其他书店

印刷装订	北京君升印刷有限公司
版　　次	2018 年 3 月第 1 版
印　　次	2018 年 3 月第 1 次印刷

开　　本	710×1000　1/16
印　　张	12.5
插　　页	2
字　　数	130 千字
定　　价	45.00 元

关于作者

凯斯·阿什沃斯–罗德（Keith Ashworth-Lord）在攻读伦敦帝国理工学院（Imperial College）管理学硕士学位之前，曾获天体物理学专业的理学士［BSc（Hons）］学位。在长达30年的职业生涯中，他几乎都致力于股权资本市场（Equity Capital Markets，ECM），主要从事公司投资分析、公司财务及基金管理。在亨利·库克·拉姆斯登（Henry Cooke Lumsden）①以及大和证券（Daiwa Securities）②工作期间，他担任研究部主管；到投资类杂志《分析家》（*Analyst*）之后，则在首席分析师的岗位上任职多年。凯斯·阿什沃斯–罗德曾是伦敦证券交易所（Stock Exchange）的个人会员，拥有英国投资专业人士协会（United Kingdom Society of Investment Professionals，UKSIP）颁发的投资管理证书。目前，他已经成为英国特许证券与投资协会（Chartered Institute for Securities &

---

① 亨利·库克·拉姆斯登（Henry Cooke Lumsden）：英国曼彻斯特的一家股票经纪公司。

② 大和证券（Daiwa Securities）：日本第二大证券经纪公司，仅次于野村证券。成立于1943年12月，总部位于东京，主要业务是综合性和国际性的证券及相关业务，业务遍布全球各国。

Investment，CISI)① 的认证会员。

在创办桑福德·迪兰资产管理有限公司（Sanford DeLand Asset Management Ltd，SDL）和设立"英国巴菲特法则基金"（UK Buffettology Fund)② 之前，凯斯·阿什沃斯-罗德是一名投资顾问，长期游走于各类证券交易、基金管理以及私人投资领域客户之间，并且收获颇丰。近年来，他曾先后四次荣获汤森-路透 StarMine（Thomson-Reuters StarMine)③ 的全球分析师评选颁发的选股奖。他被业内认为是沃伦·巴菲特（Warren Buffett)④ 和查理·芒格（Charlie Munger)⑤ 投资哲学领域最权威的专家之一，同时，他也深谙对本杰明·格雷

---

① 英国特许证券与投资协会（Chartered Institute for Securities & Investment，CISI)：英国最大的、金融投资机构广泛认可的全球非营利性专业机构。

② 英国巴菲特法则基金（UK Buffettology Fund)：全称 ConBrio Sanford DeLand UK Buffettology Fund，由桑福德·迪兰资产管理有限公司创建。这家基金公司一直遵循巴菲特投资理念，专注于有大品牌、有议价能力以及账面上有大量现金的公司。目前这家由凯斯·阿什沃斯-罗德操盘的基金已经证明了它并非浪得虚名。

③ 汤森-路透 StarMine（Thomson-Reuters StarMine)：汤森-路透 StarMine 全球券商及卖方分析师评选始于 1998 年，是全球机构投资者广为认可的对全球股票分析师进行专业评选的权威机构。

④ 沃伦·巴菲特（Warren Buffett)：全名沃伦·爱德华·巴菲特（Warren Edward Buffett)，全球著名的投资商，出生于美国内布拉斯加州的奥马哈市。在 2008 年的《福布斯》排行榜上财富超过比尔·盖茨，成为世界首富。2016 年 9 月 22 日，彭博全球 50 大最具影响力人物排行榜，沃伦·巴菲特排第 9 名。

⑤ 查理·芒格（Charlie Munger)：全名查理·托马斯·芒格（Charlie Thomas Munger)，出生于美国内布拉斯加州的奥马哈市。在过去的 45 年里，他和巴菲特联手创造了有史以来最优秀的投资纪录——伯克希尔·哈撒韦公司股票账面价值以年均 20.3% 的复合收益率创造了投资神话。

厄姆（Benjamin Graham）[1] 和菲利普·费雪（Philip Fisher）[2] 的投资精髓。

　　自 2011 年 3 月创建以来，"英国巴菲特法则基金"在英国股票市场基金（IA UK All Companies sector）中始终位列前十，截至 2015 年 12 月 31 日，投资回报率高达 104.85%。2015 年，这只基金在英国股票市场基金全部 270 只基金中表现最佳，被《金钱观察家》（Money Observer）[3] 杂志誉为"2015 年英国最佳小型成长基金"，同时被《投资者纪事》（Investors Chronicle）[4] 周刊列入 2014 年和 2015 年百强基金名单。

---

　　[1]　本杰明·格雷厄姆（Benjamin Graham）：现代证券分析和价值投资理论的奠基人，享有"华尔街教父"的美誉。代表作有《证券分析》（Security Analysis）、《聪明的投资者》（The Intelligent Investor）等。

　　[2]　菲利普·费雪（Philip Fisher）：现代投资理论的开路先锋之一，成长股价值投资策略之父，华尔街极受尊重和推崇的投资专家之一。

　　[3]　《金钱观察家》（Money Observer）：英国市场上最具影响的个人理财和投资杂志。1979 年 10 月创刊。目前是英国投资家公司（Interactive Investor，一家总部位于伦敦的在线交易和投资平台）出版的一本月刊。

　　[4]　《投资者纪事》（Investors Chronicle）：创刊于 1860 年的财经内刊，最初发行时名为《金融市场回顾》（Money Market Review），后经过多次合并改为现名。该周刊主要面向私人投资者，刊登全球金融市场、投资市场、另类投资市场各大公司的相关消息，被誉为"影响力极高的杂志"。

献给我的儿子理查德和女儿安纳利斯
这是我未来能做的最好的投资

目　　录

引　言

　　本书旨在引导读者了解我投资哲学中最重要的信条，这些信条很好地诠释了甄别和遴选我所倾心的标的公司时的态度。读罢本书，相信你应该会对我精心锻造多年、并且对我来说也已证明是行之有效的投资方略有一个非常准确的把握。

　　这可不是一本新手投资指南。这本书是为那些对投资基础知识，特别是企业经营语言——也就是会计——已经有所了解的那些读者精心准备的。一方面，这本书对那些已经着手或经营一门生意，或者那些希望通过再投资或并购来继续壮大企业的生意人尤其有帮助。时常令我感到震惊的是，有相当数量具备丰富经验的管理者居然没有意识到驱动价值创造的因素。另一方面，这本书还将帮助那些谨慎的投资者，他们通常希望能够配置一个优秀企业的投资组合，这些优秀企业身上往往具备在大多数优秀企业中反复出现过的特质。——此外，对那些在投资过程中缺少锚定线指导的投资者，我同样倍感惊讶。

　　这本书首先描述了我过往投资生涯的一些重要事件，这些事对我的投资思想影响深远。接下来，我还将在书中与大家分享我第一次掀开本杰明·格雷厄姆"企业视角投资"（Business Perspective Investing）① 体系神秘面纱时的投资"顿悟"（理念），正如格雷厄姆的门徒沃伦·巴菲特和查理·芒格在伯克希尔·哈撒韦（Berkshire Hathaway）② 公司所践行的那样。

本书的主要部分涵盖了共同构造一项卓越投资的基本要素，这些要素尤以增长、利润、资本和股本回报以及现金流最为重要。本书最后将展示一些关键的财务比率，以及关于公司该如何管理好销售额、收益、资产和现金的分析；之后还将讨论让一家企业的可预测性达到比正常的确定度更高的希求。

接下来，本书将从考虑企业的质量转向一家企业可能怎样被估值。唯有如此，投资者才能够在可能得到的价值与必须付出的成本之间做出比较。的确，懂得如何评估企业是投资中最重要的一门学问。

在确定了一家价格极低的优秀企业后，本书将介绍如何构建投资组合，以及为什么它可能需要随着时间的推移而改变。

---

① 企业视角投资（Business Perspective Investing）：也译作"生意视角投资"。格雷厄姆在其《聪明的投资者》（The Intelligent Investor）一书中写道："以生意视角进行的投资才是最有智慧的投资。"他认为通过股票买卖赚取超过企业经营性收益的投资回报，是生意的一个"最佳视角"。而这一视角的切入点，并非仅是股市上的股票价格，而应是企业经营的真情实况。本书译为"企业视角投资"，主要是考虑到与全书理念的一致性，以及方便理解。

② 伯克希尔·哈撒韦（Berkshire Hathaway）：全称 Berkshire Hathaway Cooperation，由沃伦·巴菲特创建于 1956 年，总部位于美国内布拉斯加州奥马哈，是世界著名的保险和多元化投资集团。沃伦·巴菲特是该集团董事长兼首席执行官，查理·芒格是该集团副董事长。

导　　读

笔者是在佛罗里达家中的阳台上完成这本书的，阳台刚好可以俯瞰到家中的游泳池。之所以提到这一点，是因为如果不是投资成功，笔者永远也不会有足够的资金，在如此美妙的地方购置第二套房产。这其中就有一个关于投资的事实——投资无非就是一种延后消费（deferred consumption）——一种在当下筹划资金而在未来获得更多回报的艺术。

其实，成为一名成功投资者，需要的条件并不多，最重要的就是纪律和耐心。对笔者来说，投资纪律仅仅源于一个生意人的视角，而耐心则是一个关乎你怎样去锻造它的重要问题。

在 21 岁时，笔者购买了英国石油公司（British Petroleum Company plc，BP）部分私有化后发行的股票。这是笔者第一次购买股票，当时正在攻读天体物理学学士学位。第一次投身资本市场的汪洋大海，笔者就被它的魅力彻底折服。于是，在开始一段错误学习生涯的数年之后，转而开始攻读伦敦帝国理工学院的管理学硕士学位。笔者差点为自己的这次英明决断而欣喜若狂。随后，笔者一头扎入金融服务领域，从此便一发不可收拾。更让人欣慰的是，笔者将所学到的数学知识完美地结合到了金融和经济学当中，而不是此前的物理学。

　　笔者最初是一名实习投资分析师，在工程部门（是的，那时候确实有这么个部门）。在 20 世纪 80 年代，作为一名实习生，你只能走一步看一步。在工作中学习，更类似于一种系统性的培训。就是从那份不起眼的工作开始，笔者平步青云，晋升为研究部主管，然后扩展至其他行业，并开始尝试公司财务方面的工作。笔者用很少的时间就领悟到了投资的奥秘所在，在还没有拿到投资领域的相关资质之前，就已经忍不住跃跃欲试了。笔者心里很清楚，必须通过参悟他人的投资理念来让自己变得更加专业，以便在更大的舞台上一展身手。在第一章中，笔者将给这条随机漫步的思罗克莫顿大街（Throgmorton Street）① 增添一点乐趣。

　　坦白地讲，在接下来的几年时间里，笔者的投资方法一直处于停滞不前的状态。后来笔者之所以能够成功，很大程度上仰仗笔者幸运地遇到了一位对自己投资方式同样并不满意的商业伙伴杰里米·尤顿（Jeremy Utton）。——在那段时间里，我们被认为是沃伦·巴菲特投资方法在英国的最重要的倡导者，这可不是胡乱吹嘘的。

　　在项目研究、资产管理和公司财务等领域磨炼一段时间之后，笔者终于实现了自己五年前许下的心愿，成立了桑福德·迪兰资产管理有限公司，这家新公司是以佛罗里达州中部的两个邻近的小镇命名的。成立这家公司的目的，是创建一只名为"活跃在桑福德和迪兰的英

---

　　① 思罗克莫顿大街（Throgmorton Street）：英国伦敦金融城附近的一条大街，紧邻英国中央银行——英格兰银行（Bank of England）。

国巴菲特法则基金"（ConBrio Sanford DeLand UK Buffettology Fund）的基金，以便在英国金融市场大刀阔斧地应用巴菲特的投资理念。自创建以来的 9 个月时间里，这只基金的表现一直稳居基金前四分之一行列。下表总结了这只基金的业绩情况。

	英国巴菲特法则基金	富时全股指数①	企业相对业绩
2011 年（9 个月）	-12.6%	-6.9%	-6.2%
2012 年	+34.2%	+8.2%	+22.1%
2013 年	+36.0%	+16.7%	+21.6%
2014 年	+1.5%	-2.1%	+3.9%
2015 年	+28.8%	-2.5%	+41.1%
2011—2015 年总计	+104.9%	+12.3%	+82.5%

你不必是一个股市分析高手，就能知道为什么一只股票的表现会如此之好。原因很简单：笔者执行了一种强有力的投资方法，它完全专注于以产生企业价值的价格购买优质企业。笔者的投资信条是：以极低的价格买到的优秀企业，总是会随着时间的推移而成为一项出色的投资。

正如巴菲特所言：

　　投资其实很简单，你所需要做的，就是以低于

① 富时全股指数（FTSE All-Share Index）：富时指数（Financial Times and Stock Exchange，FTSE）的一种，其成分股公司代表了至少 98% 的伦敦证券市场上市公司的资本总值。富时指数编制及管理的指数还包括富时环球指数（FTSE All-World Index）、富时社会责任指数系列（FTSE4Good Index Series）、FTSEurofirst 指数系列（FTSEurofirst Index Series），以及享有盛名的"富时 100 指数"（FTSE 100）等本地指数。

其内在价值的价格买入一家优秀企业的股份，同时确信这家企业拥有德才兼备的出色管理层，然后永远持有它。

笔者希望通过阅读本书，你将会深信把投资集中在最优秀企业范围内的投资逻辑，然后长期持有它们。

第一章

迈向投资哲学

> 如果我看得比别人更远些，那是因为我站在巨人的肩膀上。
>
> ——艾萨克·牛顿爵士
> （Sir Isaac Newton）

生活中的经历——有些是有利的，有些是不利的——会让你对投资的看法产生深远而持久的影响。如果你在1987年股灾即将来临之前、互联网繁荣几乎处于顶峰的时期开始投资，你会倾向于认为另一场灾难总是近在咫尺。你将由此成为一个天生的悲观主义者。

反之，如果你在互联网繁荣期间投资了一只科技类股并由此而得到财富，同时设法避免了破产，你更有可能成为一名乐观主义者。同样的道理，也适用于像我这样在1982—2000年的长期牛市中投入资金并坚持持有的人。作为本书的主人公，下面将与大家一起分享一些我的经历。

滚石不生苔，转业不聚财

1956年，我出生在一个不起眼的工薪阶层家庭。在生活中，我看到自己的父母竭尽所能地去做更多工作，以便给我带来尽可能好的生活。我的祖父曾在罗奇代尔（Rochdale）① 地区的布莱特（Bright）② 棉纺厂工作过，他和我的祖母住在厂里的小出租房里。我父亲付全款帮

---

① 罗奇代尔（Rochdale）：英国西北部的一个自治市镇，位于曼彻斯特东北偏北，是一个以纺织品工业为主的制造业中心。

② 布莱特（Bright）：全称约翰·布莱特集团（John Bright Group）。1809年，雅各布·布莱特（Jacob Bright）和两个合作伙伴在罗奇代尔地区的一家废弃精纺纺织厂建立了棉花生意，随后雅各布·布莱特之子约翰·布莱特（John Bright）逐步掌管了这家公司，并于1887年完成私有化，但直到1923年才成为一家有限责任公司。1950年赫伯特·布莱特（Herbert Bright）去世后，公司不再由布莱特家族掌管。

祖父母买下了这所房子，直到 1964 年祖父去世后，我们继承了这处房产。

在接下来的六年时间里，我们又搬了四次家，而且每一次都渴望搬进更好的房子。不断搬家的过程，对于年幼的我来说非常痛苦；我们为此所付出的代价，也让我印象深刻。我渴望稳定。

1970 年，我的父母卖掉了他们最新的房子，然后把卖房子的钱投进了一家卖杂货的街角小店。这个店是租来的，也许没有比那时更糟糕的时机了——大通胀接踵而至，房价一路飞涨。于是，妈妈和爸爸把他们房地产相关的财产交换给了一家即将被乐购（Tesco）①一手摧毁的企业。四年之后，这家店铺被迫关门大吉，并且变得毫无价值。五十多岁的时候，他们不得不选择从头再来。事实上，他们从此再也没有恢复过来。

对我来说，这些经历非常受用。我的家人最近 30 年来始终住在同一所房子里，这并不是巧合。同样，当我说我相信父母的遭遇是我对"买入并持有"（buy-and-hold）的投资策略更加钟情的原因时，你也就不会感到惊讶。

把握时机

非常幸运，我具有与生俱来的学习天赋。在学校里，我的学业和体育都很出色。绝妙的是，我很聪明地意识

---

① 乐购（Tesco）：英国的一家跨国食品杂货零售商，全球三大零售企业之一。

到，这其中将会有能够帮助我更进一步的机会——我牢牢抓住了人生机遇。1978 年，我从大学毕业，那时，经济开始衰退，一个"不满的冬天"（Winter of Discontent）① 即将降临。

那时，找到一份工作是非常困难的：我在 130 位求职者中脱颖而出，获得了这一工作机会。这份工作来自刚刚被国有化的英国宇航公司（British Aerospace），设计用于反坦克导弹的控制系统。虽然我的孩子认为这很酷，但我讨厌这份工作。在那 9 个月里，我一直在寻找一个外面的机会。刚好这时，我在帝国理工学院读到了一则关于管理学理学硕士课程的广告。我又一次把握住了时机：我申请然后参加考试，顺利获得了学习的机会。帝国理工学院就像是我的"顿悟时刻"（Damascene Moment）② ——我发现了经济学、会计学和金融学。这些年，它们都去哪儿了？

获得硕士学位是我做过的最简单的事情之一。在此之后，工作机会便汹涌而来。我正打算去一家美国化学公司当会计，就在最后一刻，我在《金融时报》（Financial Times）看到了一则亨利·库克·拉姆斯登公司的项目投资分析师招聘广告，那是一家股票经纪公司，位于曼彻斯特。出于好奇，我发出了申请，并获得了面试机会。

---

① 不满的冬天（Winter of Discontent）：指大约从 1978 年 12 月到 1979 年 2 月的冬天这段时间，发生在英国的一连串工业行动。事件造成首相詹姆斯·卡拉汉（James Callaghan）的工党政府声望受挫，随后更是在 1979 年 5 月的国会大选中被撒切尔夫人领导的在野保守党击败。

② 顿悟时刻（Damascene Moment）：源出基督教的一个俗语，也作"保罗归信"。

怀揣着对这份工作十拿九稳的自信，我学习了所有关于股票经纪的知识，并熟悉了公司金融领域的各个角色——销售员、分析师和经销商。说得更准确一些，我认为这才是一个真正的精英应该有的样子：做到最好，你就会获得回报。我想，我再一次把握住了时机。这份工作的薪水要比那家美国化学公司低很多，但我从来没有后悔过。

这同样也是投资当中的一个生动的例子。生活是一种随机漫步（random walk），机会总是在最意想不到的时候、以最意想不到的方式出现。看到机会的时候，你必须马上行动。机会之窗不会永远为你敞开。

股东权益是一种强大的激励

在 20 世纪 80 年代早期，股票经纪公司是合伙制，合伙人拥有公司，同时对公司债务承担无限责任。这种模式会给合伙人带来一种强烈的责任感，他们会严格控制公司的成本，同时会尽可能地限制公司下一个正常年度的开支。如果接下来的一年不那么乐观，他们将会减少开支，并在下一个好的年份用奖金来进行弥补。

1986 年 "金融大爆炸"（Big Bang）① 之后，一切都

----

① 金融大爆炸（Big Bang）：亦称 "金融大改革"，指 20 世纪 80 年代中期，英国撒切尔政府发动的一场规模宏大的金融改革。1986 年，为了激发英国金融业活力，撒切尔夫人领导的保守党大举推动自由化改革，打破传统证券领域的分业经营，推动国内金融机构的混业竞争，并引入外国金融机构刺激国内金融竞争力。

变了。远离了无限责任，外面的现金和公司合并接踵而至。遗憾的是，"职业经理人"（professional manager）的时代也由此开始。高级合伙人不再是公司的核心，首席执行官转而成了最高的职位。这导致了工资的大幅上涨、成本的扩张和企业帝国的缔造。现在，作为股票经纪公司一方的董事，我惊恐地注视着我们这家被称为"北方的嘉诚证券"（the Cazenove of the North）① 的企业，被一家只存在了几年的精品投行并购，合并后集团一半的股权被用于"金钱游戏"（fool's gold）②。

希腊的悲剧（Greek tragedy）③ 有其必然性，20世纪90年代初的经济衰退，在疲软的贷款登记簿里显露无遗。值得庆幸的是，我能够翻阅这些账簿，并预测到了后面会发生的事情。于是，我及时把钱取了出来。随着银行被正式纳入政府监管，股票经纪公司也逐渐丧失了独立性。在不到125周的时间里，我看到一个曾经用了125年才建成的特许经营公司走向衰落。"职业化管理"（professional management）极其失败，我能够切身体会到

---

① 嘉诚证券（Cazenove）：拥有190年历史的英国券商，后被摩根大通收购。

② 金钱游戏（fool's gold）：指投资领域那些看似光鲜诱人、实则毫无价值的金钱交易。源自"愚人之金"——黄铁矿，其表面金黄，如金子般闪光，因此常被误认为黄金。

③ 希腊的悲剧（Greek tragedy）：指源于2009年的"希腊债务危机"。2001年希腊加入欧元区后，希腊预算赤字长期居高不下，2004年依然大量举债举办奥运会。2008年金融危机爆发后，希腊到期债务像雪球一样越滚越大。2009年10月，希腊政府突然宣布政府财政赤字，显示财政状况显著恶化，随后财政危机加速发酵为政治危机，希腊的悲剧由此形成。

当马可尼（Marconi）① 这家公司被他的继承人毁掉的时候，阿诺德·温斯托克（Arnold Weinstock）② 一定痛彻心扉。

我认识到，在投资一家企业时，最好了解一下运营这家公司的人的股东权益，以及他们在多大程度上是被薪酬吸引而来的。如果他们有大量的个人财富被绑在公司上，并且行为节俭，那么，他们更有可能像所有者一样保护自己的财富（以及你的财富）。

通往毁灭的坎坷之路

早在银行业崩溃之前，我就已经学会谨慎对待以并购业务为主导的增长，并对其为"粉饰"会计所提供的机会非常谨慎。20 世纪 80 年代是小型企业集团的时代，大批同类企业如雨后春笋般涌现，试图模仿汉森信托（Hanson Trust）③ 和 BTR④，通过并购获得成功。威廉姆

---

① 马可尼（Marconi）：即马可尼无线电报公司。1897 年在伦敦成立，创办人是意大利无线电工程师伽利尔摩·马可尼（Guglielmo Marconi）。这家公司曾是通用电气（英国）的子公司。

② 阿诺德·温斯托克（Arnold Weinstock）：曾任通用电气（英国）公司首席执行官，在 20 世纪 80 年代为该公司积累的现金有近 50 亿英镑之多。其后继者全面进军当时炙手可热的电信领域，电信行业的巨大泡沫破灭后，公司股价从顶峰时期的每股 12.5 英镑全面下挫，到温斯托克 2002 年 6 月去世时，仅剩 4 便士。

③ 汉森信托（Hanson Trust）：现名汉森公司（Hanson plc），总部位于英国温莎·梅登黑德皇家自治市，是一家国际建筑材料公司。

④ BTR：全称 British Tyre & Rubber Co.，Ltd，总部位于英国伦敦，是一家跨国工业集团公司。

斯控股（Williams Holdings）①、埃弗雷德（Evered）、汤姆金斯（Tomkins）②、苏特（Suter）③，这些公司的名字在我的脑海里随时浮现；紧随其后，还有帕克菲尔德（Parkfield）、BM Group④、Spring Ram⑤、波利·佩克（Polly Peck）⑥、卡勒（Coloroll）⑦、托马斯·罗宾逊（Thomas Robinson）这些公司。而今，它们当中只有极少数生存了下来，大多数都死掉了。

在那些日子里，我把自己想象成一个呼风唤雨的人。我和亨利·库克·拉姆斯登公司的两位董事一起，一直在努力拉拢一支团队，这支团队由奈杰尔·拉德爵士（Sir Nigel Rudd）的兄弟格雷厄姆（Graham）领导，在1985年末进入托马斯·罗宾逊父子（Thomas Robinson & Son）公司。罗宾逊父子公司是我家乡的一家古老而传统的工程公司，成立这家公司是要把它作为成立一个小型企业集团的报价媒介。交易密集进行，我们的公司通过

---

① 威廉姆斯控股（Williams Holdings）：英国的一家大型企业集团，在伦敦证券交易所上市，是"富时100指数"成分股公司。

② 汤姆金斯（Tomkins）：总部位于英国伦敦，是一家世界级工程集团公司，其领先的市场及技术横跨多家商业集团。

③ 苏特（Suter）：英国的一家国际矿产和化工产品采购公司。

④ BM Group：曾是英国最大的设备分销商之一。

⑤ Spring Ram：全称 Spring Ram Corporation Overseas Limited，英国的一家浴室和厨房用品制造商。

⑥ 波利·佩克（Polly Peck）：全称 Polly Peck Internationalplc，英国的一家小型纺织品公司。公司在20世纪80年代迅速扩张，并成为"富时100指数"成分股公司，1991年因13亿英镑的巨额债务而破产，是导致英国公司法改革的几家丑闻公司之一。

⑦ 卡勒（Coloroll）：英国墙纸品牌，其设计存档可以追溯到1830年，专为英国皇室贵族服务。

服务费获利颇丰。与此同时，在并购业务的推动下，公司的利润也大幅飙升：1985 年 41.1 万英镑；1986 年 710 万英镑；1987 年 1230 万英镑；1988 年 1800 万英镑；1989 年达到 2510 万英镑。

更大规模的交易总是通过纸质文件来完成，允许使用现金替代（cash alternatives）① 的方式进行全额包销（fully underwritten）②。我开始担心这项对新资本有着贪得无厌胃口的业务。罗宾逊父子公司变成了一个拥有分期权利的发行方，不断从市场获得额外的资金。尽管有着惊人的利润记录，但似乎没有任何现金流出。

渐渐地，原因变得清晰起来。这不仅仅是捏造出来的花样儿。罗宾逊父子公司利用公允价值（fair value）③ 调整来减记被收购的存货和应收账款，从而在卖出存货或应收账款时获得更大的利润。同样，通过减少固定资产，对利润的折旧费用也减少了。很快，我就明白了利润和现金之间的区别。

---

① 现金替代（cash alternatives）：指申购、赎回过程中，投资者按基金合同和招募说明书的规定，用于替代组合证券中部分证券的一定数量的现金。采用现金替代是为了在相关成分股股票停牌等情况下便于投资者申购，提高基金运作的效率。

② 全额包销（fully underwritten）：指由承销商与发行人签订协议，由承销商按约定价格买下约定的全部证券，然后以稍高的价格向社会公众出售。全额包销风险较大，如果证券销售不出去，风险由承销商自负，但同时收益也比代销的佣金要高。

③ 公允价值（fair value）：由美国证券交易管理委员会（SEC）最先提出的一种会计模式。按照国际公认会计原则，资产的公允价值是指当前交易下的资产价格，而非其清算价格。

从 1990 年起，罗宾逊父子公司在反复出现的利润警告和管理层的大规模变动中摇摇欲坠。随着集团被分拆，这个拼凑起来的公司最终化为乌有。我从中学到的经验，使我在后来很好地预测了 Finelist①（我将在第六章中讨论）和独立保险（Independent Insurance）② 的消亡。我可以很自豪地说，在我的整个职业生涯中，我从未有过投资失败的经历。

并购为创造性会计（creative accounting）③ 提供了一个绝佳的机会，投资者应该警惕地看待它们。有些人有很强大的商业头脑，但大多数人没有。只要你还记得"现金为王"，就不会走错路。没有一家能够创造大量现金的企业会破产，但这并不等于那些创造大量利润的企业不会破产。另一个经验是，如果你打算投资某家企业，你必须掌握企业经营的语言，即会计。

当心那些新典范

历史上充斥着非理性繁荣的例子：17 世纪 30 年代，

---

① Finelist：全称 Finelist Group plc，英国的一家汽车零部件供应商，2000 年 10 月进入破产管理程序，最终以每股 192 便士的价格出售。

② 独立保险（Independent Insurance）：英国的一家财物与灾害保险公司，经过几年的快速增长后，于 2001 年破产。

③ 创造性会计（creative accounting）：指通过包装或粉饰公司财务报表，以求达到某种目的的会计处理方式。不同于做假账，其本身并非违法行为，但会使公司财务报表信息严重失实，从而使公司呈现出一派欣欣向荣的假象，迷惑公司股东和其他控股者。

"郁金香狂热"（Tulipomania）①；18 世纪 20 年代，"南海泡沫"（The South Sea Bubble）②；20 世纪 20 年代，"庞氏骗局"（The Ponzi Scheme）；20 世纪 60 年代，"时髦放纵的六十年代"（Go-Go）③；20 世纪 80 年代，生物技术热潮（biotech mania）④。

我亲身经过的最难忘的经历，是 20 世纪 90 年代的互联网泡沫。大多数狂热投资现象的背后都有一个与之相关的重大事件，在这个案例中则是互联网时代的到来和信息与通信技术的融合。这些狂热资本所鼓动的势头非常强大，让大多数人难以抗拒它的诱惑。互联网繁荣与萧条，是我所见过的关于"博傻理论"（the greater

———————

① 郁金香狂热（Tulipomania）：世界上最早的泡沫经济事件。1637 年发生在荷兰，当时由奥斯曼土耳其（Ottoman Turks）引进的郁金香球根引起大众抢购，导致价格疯狂飙高，而在泡沫化过后，价格仅剩高峰时的百分之一，让荷兰各大都市陷入混乱。

② 南海泡沫（The South Sea Bubble）：英国在 1720 年春天到秋天之间发生的经济泡沫事件。与"密西西比泡沫"（The Mississippi Bubble）及"郁金香狂热"，并称欧美早期的三大经济泡沫。在南海泡沫事件之后，后人发展出"泡沫经济"一词，用以形容经济过热而收缩的现象。

③ 时髦放纵的六十年代（Go-Go）：20 世纪 60 年代，许多欧美国家的青年开始奉行与父辈截然不同的一套价值观，特点就是时髦和放纵（相对于保守和节俭），因此人们称这个时期为"时髦放纵的六十年代"。

④ 生物技术热潮（biotech mania）：生物技术热潮最先从欧美国家开始，1983 年，基于基因工程技术的抗癌、抗艾滋病新药问世，以生物工程为代表的高科技概念掀起资本热潮，当年新发股票的市值甚至超过了整个 20 世纪 70 年代的市场总量。但最终过度泡沫还是走向了破灭，从 80 年代中期到后期，大多数生物技术公司股票下跌近 80%。

fool theory）[①] 的一个最典型的范例。

　　当投资银行家开始设计新的方法来评估企业，而不是用他们的能力为所有者创造现金时，你就会发现其中的问题。大多数情况下，新的估值指标会使利润表大幅偏离，有时候也可以做成没有利润。

　　因此，你经历了从税后利润到营业利润，再到息税折旧及摊销前利润（EBITDA）[②]，再到营收倍数（revenue multiples）[③]，直到没有利润的过程。那时候，我看起来一定像个投资恐龙（investment dinosaur）[④]。幸运的是，我及时避开了那些年轻人的建议，坚信自己的能力。正如本杰明·格雷厄姆所说："大家不赞同你，并不能代表你的对错。你之所以正确，是因为你的数据和推理是正确的。"没过多久，大家就看到皇帝没穿衣服了。

　　我认为，这里面包含了很多的经验教训。首先，我

　　① 博傻理论（the greater fool theory）：简言之，可以说成是傻瓜之间的博弈。指市场参与者在明知股票或者其他投资或投机产品价格已被高估的情况下还在买入，寄希望于接下来还会有更"傻"的人以更高的价格接手的市场心理和行为。

　　② 息税折旧及摊销前利润（EBITDA）："Earnings Before Interest，Taxes，Depreciation and Amortization"的缩写，即未计利息、税项、折旧及摊销前的利润。这种财务指标被私人资本公司广泛用于企业和行业之间的盈利能力比较，因为它消除了融资和会计决策的影响。

　　③ 营收倍数（revenue multiple）：华尔街和硅谷用来评估科技公司的最普遍、也最具争议的指标之一。作为一种流行的估值捷径，可以快速评估一家科技公司的价值，是评价公司长期业务前景和受欢迎程度的重要指标。

　　④ 投资恐龙（investment dinosaur）：此处寓意作者当时由于投资方式沿袭旧规等原因，有可能导致投资面临"灭绝"的现状。

同意约翰·坦普尔顿爵士（Sir John Templeton）① 的说法，"这次不一样"是投资中最危险的五个字。其次，历史会重演，但其表现形式通常是不同的。再次，无视"塞壬之声"（Siren Voices）②，相信自己的判断。最后，要记住"人生逆旅莫心灰，黎明之前天最黑"。用投资的说法来说，意思就是当最后的牛市转向熊市，这种市场会不可避免地出现。这意味着，在黎明前最黑暗的时候，几乎所有人都是悲观的，而且看不到任何积极的信号。

将理论付诸实践

我今天使用的方法，是从自己长期以来的投资经验中总结出来的。20 世纪 90 年代中期，我已经在投资分析领域工作了 15 年，在伦敦金融城（City）③ 交了很多学费，建立了一套合理的个人投资组合，而且在没有一套稳固的投资策略锚定线的情况下，就这样做了。

---

① 约翰·坦普尔顿爵士（Sir John Templeton）：《纽约时报》评出的全球十大顶尖基金经理人之一。他开风气之先，第一个在全球证券市场实行投资，也是第一批在全球市场投资中告捷的投资者之一。

② 塞壬之声（Siren Voices）：在希腊神话中，塞壬是能够用自己的歌喉使过往的水手倾听失神、航船触礁沉没的神。"塞壬之声"意指迷惑性的消息，使人深陷其中而难以自拔。

③ 伦敦金融城（City）：又称平方英里（Square Mile），指位于大伦敦地区中心泰晤士河北岸面积约一平方英里的地区，是世界主要的金融与商业中心。不仅是英国及伦敦市的经济心脏，也是全球领先的金融、商业和经济中心。

但是，如何找到一种客观的方法来确定一种预计可以积累长期财富的投资呢？我本能地知道，应该把注意力集中在市场活动上，押注于价格走势是无效的。我也非常清楚，真正的投资必须是在持有的企业中占有一部分的所有者权益。因此，这套投资方法必须是首先由公司自己驱动，然后才由股票市场驱动来回报这种精明的投资。

首先要确定特定类型的公司作为投资候选标的，也就是遴选那些拥有最可预测的企业经营模式的公司，然后对其进行估值。如果一种企业经营模式无法精确预测，你如何去评估它呢？如果你不能评估它，你怎么知道股票市场价格能否给你一个好的投资参考呢？

在投资生涯中，我读过的投资方面的书，比我记忆中的还要多。其中很多并非物有所值，但我偶尔也能从中得到一些收获。

在这一点上，命运让两个同样都在寻找一套强有力的投资策略的志趣相投的人相遇了。另一个人是杰里米·尤顿，他创立了投资研究杂志《分析家》，认识我之后，他发现自己的处境和我一样。我们都成了有关著述贪婪的读者，并且仔细观察他人的投资风格，但并没有成为狂热的模仿者。我们曾分别被沃伦·巴菲特和查理·芒格的学说所感染，相遇之后开始以极大的热情一同携手研习。在接下来的 11 年里，我们一直在《分析家》和其他项目上共同合作。在这一过程中，《分析家》成了沃伦·巴菲特在英国的代名词。

玛丽·巴菲特（Mary Buffett）[1] 和戴维·克拉克（David Clark）[2] 所著的《巴菲特法则》（*Buffettology*），浅显易懂地帮助我们揭开了巴菲特投资方法神秘的面纱，向我们展示了把关注重点集中在一个企业的经济运行状况上，抛弃那些不符合预先设定标准公司的绝对重要性。这是我们思维方式的重大转变：

- 远离廉价股票，转向优秀的公司。
- 避免关注每股收益（earnings per share，EPS）的增长，转而关注已动用资本的现金回报。
- 不要让变幻莫测的市场价格波动左右我们的行为，而是让标的企业（underlying business）情况告诉我们如何通过经营业绩来行动。

在很短的时间内，我从证券（投资）分析师转变成了践行"企业视角投资"的企业分析师。正是这种转变，使我远离了永久性地侵蚀了大量资本的互联网繁荣与萧条。

1998 年，杰里米和我第一次参加伯克希尔·哈撒韦公司的股东周年大会，在那里，我们有幸与巴菲特和芒

---

[1]　玛丽·巴菲特（Mary Buffett）：曾是巴菲特家族的重要成员，被誉为世界上最了解"股神"巴菲特做事方式和投资决策的人之一。她是享誉国际的"巴菲特投资法则"相关图书的作者、演说家，同时还是一家商业电影剪辑公司的首席执行官，公司拥有众多大型客户，包括可口可乐公司和麦当劳公司。

[2]　戴维·克拉克（David Clark）：投资专家，也是巴菲特家族 30 多年的朋友，被认为是研究巴菲特投资方法的权威人士。

格在英国的国土上会面。我们还和一群被称为美国的"巴菲特信徒"（Buffettologists）的人建立了友谊，他们都忠诚于巴菲特的信条。1999 年 1 月，我们在伦敦的 QE2 会议中心（QE2 Conference Centre）举办了一个研讨会，题为"巴菲特—芒格—格雷厄姆投资奇迹的艰险历程、体系及巨大成功"（The Odyssey，the System & the Success of the Buffett-Munger-Graham Investment Phenomenon）。演讲者是六位受人尊敬的"巴菲特信徒"：玛丽·巴菲特和戴维·克拉克、安迪·基尔帕特里克（Andy Kilpatrick）①、罗杰·罗文斯坦（Roger Lowenstein）②、珍妮特·洛尔（Janet Lowe）③ 以及拉里·坎宁安（Larry Cunningham）④。

2011 年 3 月，在初次与这些专家结交后，"英国巴菲特法则基金"成立了。这是一只忠实于"企业视角投资"原则而经营的基金。在接下来的内容中，我将与你分享一些"企业视角投资"的原则，诸如实践，以及其成功的秘诀。

---

　① 安迪·基尔帕特里克（Andy Kilpatrick）：《投资圣经：巴菲特的真实故事》（*Of Permanent Value：The Warren Buffett Story*）一书的作者。
　② 罗杰·罗文斯坦（Roger Lowenstein）：彭博资讯专栏作家，《巴菲特传：一个美国资本家的成长》（*Buffett：The Making of an American Capitalist*）一书的作者。
　③ 珍妮特·洛尔（Janet Lowe）：全美畅销书《本杰明·格雷厄姆论价值投资》（*Benjamin Graham on Value Investment*）一书的作者。
　④ 拉里·坎宁安（Larry Cunningham）：美国乔治·华盛顿大学（The George Washington University，GWU）法学教授。《向格雷厄姆学思考，向巴菲特学投资》（*How to Think Like Benjamin Graham and Invest Like Warren Buffett*）一书的作者。

第二章

企业视角投资

最聪明的投资，是把它当作生意一样看待。

——本杰明·格雷厄姆（Benjamin Graham）：《聪明的投资者》（*The Intelligent Investor*）

　　只有很少的投资者、分析师或评论人士，才能发现股票市场价格和潜在企业价值之间的区别。在个人和专业投资者中，大多数有关股票市场的讨论和行动，都围绕着报价和短期目标价格展开。

　　但是，如果不是通过观察企业的经济价值，而是让股票通过二级市场股价的升值来回报经营业绩，那这算什么投资呢？从长远来看，公司的财富与股价的表现之间存在着一一对应关系。

　　"企业视角投资"始终是关于长期投资的。如果你看到那些著名践行者的成功——像本杰明·格雷厄姆、约翰·梅纳德·凯恩斯（John Maynard Keynes）①、沃伦·巴菲特、查理·芒格、比尔·鲁安（Bill Ruane）② 和沃尔特·施洛斯（Walter Schloss）③，你自然就会得出这样的结论：这是一套几乎不会出错的投资体系。

　　在这一章中，我将从概述投资的真正含义开始说起。在这个过程中，你将逐步认识到一家优秀企业的典型特征，这将为接下来六章的内容打下基础。

────────────

　　① 约翰·梅纳德·凯恩斯（John Maynard Keynes）：现代经济学最有影响的学者之一，他创立的宏观经济学与弗洛伊德的精神分析法和爱因斯坦发现的相对论，并称 20 世纪人类知识界的三大革命。

　　② 比尔·鲁安（Bill Ruane）：价值投资先驱，红杉基金（Sequoia Fund）创始人之一。他 1969 年发起成立的红杉基金，是美国价值型基金的代表，截至 2011 年 6 月 30 日，该基金自成立以来的复合回报率已经高达 24552%。

　　③ 沃尔特·施洛斯（Walter Schloss）：美国投资大师，沃尔特·施洛斯有限合伙公司（WJS）创始人。一生经历过 18 次经济衰退，但他执掌的基金在近 50 年的漫长时间里长期跑赢标杆股指，被沃伦·巴菲特赞誉为"超级投资人"；他长期坚守简单的价值投资原则，在 90 岁高龄时仍保持着高度机敏的投资嗅觉。

"企业视角投资" 原则

投资的技巧旨在预测一种资产在生命周期或被持有期限内的收益率。通过深入的分析过程，达到一个在令你满意的回报情况下尽可能确保你的原始资本安全的目标。由此可见，投资是一项带有冒险性的生意经，而不是一场赌博。它是让投资者通过企业自身赚钱，而不是通过股票市场。

测定经济价值，然后将其与股票价格联系起来的过程，是"企业视角投资"的核心所在。真正出众的公司数量，相对来说总是比较少的，而且通常情况下，它们的股票很难以非常低的价格买到。"企业视角投资"意味着，从长远来看，只有以相对低的价格买到一家优秀企业，才称得上是一项优秀的投资。两个条件，缺一不可。

我们从这样一个前提开始：在部分所有权（购买公司股份）和完全所有权（购买整个企业）之间，没有哲学意义上的区别。那些叫作"股份证书"的小纸片，或是在股票登记簿上的电子记录，实际上都是所有权的契约。所有权赋予了一个真实企业的部分权益。股票不是游戏筹码。

我们所要寻找的，是我们真正想拥有的企业，并且能够以合适的价格购买。如果在开始考察时，我们就不喜欢或者不明白我们所看到的，那我们就坚持"停止研究并远离"（close the book and move on）的原则；如果我们喜欢并理解自己所看到的，那就进入下一个阶段。

这是对企业的部分所有权拥有者投资这家企业的价值的评估。

然后，只有这个时候，我们才会查看这家企业在股票市场上的价格。如果我们看到企业的价值远远高于被要求支付的价格，我们就会投资；如果不是，我们就退一步思考。重要的是要记住，你所支付的价格成本，决定了你得到的回报。在任何时候，我的观察名单上都会有许多企业，它们已经通过了第一步"做还是不做"（go：no-go）的评估，而我会在那里一直等着一个合适的价格机会出现。

这两个阶段，自然地分为企业质量分析和股价—价值比率（price-to-value ratio）的确定。股价—价值比率越低，投资的安全边际就越高。

企业的质量

有几个非常重要的条件，是入选投资考虑的企业必须充分具备的。下面的列表详细介绍了高质量企业所具备的特点，随后我还会在整本书中更详细地讨论这些话题。

- 易于理解的企业经营模式
- 透明的财务报表
- 拥有强大竞争优势的定价权
- 拥有相对可预测的收益的稳定经营业绩
- 已动用资本回报率高

- 很大比例的会计收益能够转化为自由现金流（free cash flow）
- 强劲的资产负债表，没有过度的高财务杠杆
- 管理层着眼于股东切身利益，专注于释放股东价值
- 与狂热的并购活动相比，公司的增长更倾向依赖于内生性的举措

我首先会识别出，哪些企业和行业我会去了解，哪些不会去了解。我在我了解并且感到舒服的企业周围画一个圈，然后排除圈内那些由于管理不善或经济不佳而失败的企业。我更喜欢将圆圈保持在我的能力范围之内，这样，比起那些拥有一个更大的圈，但是其边缘包含了不健康企业的人来，我准备得就更为充分。譬如，你不太可能看到我接近石油勘探公司、矿商、银行，或者不切实际的制药和生物科技公司。

我寻找的是我认为能看懂其产品、竞争以及随着时间推移可能会出现哪些问题的企业。我想投资一家拥有很高的城堡围墙以及带有吊桥的宽阔护城河的优秀企业，这就是上面列表中所提到的优越的竞争优势。

我最喜欢的评估公司竞争优势的框架，就是迈克尔·波特（Michael E. Porter）① 在他的《竞争战略》

① 迈克尔·波特（Michael E. Porter）：哈佛大学商学院教授，当今世界竞争战略和竞争力研究领域公认的权威，被称为"竞争战略之父"。他的《竞争战略》（Competitive Strategy）、《竞争论》（On Competition）、《国家竞争优势》（The Competitive Advantage of Nations）等著作，被公认为管理学界的"圣经"。

（*Competitive Strategy*）一书中提出的五力分析模型（five forces analysis）。这五种竞争力存在得越少，企业的潜在利润就越大。这些竞争在大宗商品类企业中十分激烈，在拥有独特技术或知识产权保护产品的企业中则相对温和。这是资本游戏的一个事实，竞争不断地通过耗费资本来压低回报，从而销蚀了利润潜力。为了拥有可持续的、卓越的收益能力，企业必须具备一些独特之处。

五种相互影响的力量如下：

(1) **新进入者的威胁**（Threat of new entrants）。新进入者带来了新的生产能力，以及对赢得市场份额和额外资源的渴望。由此会导致当前的市场价格被迫下降，或者当前企业成本提升，从而降低企业的利润。而对高质量的公司来说，主要是通过构筑进入壁垒来抵御这类威胁，诸如规模经济、产品差异化、高资本准入要求、客户转换成本、易接近的分销渠道；以及现有的成本优势，比如专有技术、学习与经验曲线效应，或者要素投入权。

(2) **同业竞争者的竞争程度**（Intensity of rivalry among existing competitors）。主要的竞争策略包括价格竞争、广告促销、新产品介绍、提高客户服务等方面。价格竞争是致命的，通常会让参与竞争的企业都变得更糟。竞争很可能会加剧各种影响，比如工业增长缓慢、大量竞争对手、固定成本导致的高产能利用率和高门槛退出，使挣扎中的公司更有可能无法从竞争游戏中全身而退。这些现象都是预警信号。

（3）**来自替代品的压力**（Pressure from substitute products）。替代产品一定能够达到与被替换产品相同的作用。它们的威胁，是通过对现有公司的产品价格施加上限来限制潜在的回报。替代品的性价比越高，上限就越低。优秀的公司都拥有优秀的产品，那些潜在的竞争对手很难去挑战和取代它们。

（4）**客户的议价能力**（Bargaining power of customers）。客户通过压低价格或者对更高质量或数量的商品和服务进行讨价还价，来与供应商竞争，从而提高产品和服务的质量或数量。如果买方对卖方的销售额占比相对较大，或者其购买规模相对较大，那么买方就具有强大的影响力。因此，对那些拥有多样化客户名单的公司就是要青眼相加。其他起作用的因素是差异化的，如客户转换成本（你想要的最多数字），或者买家本身在低利润的行业中运作（因此，它将试图把成本转嫁给供应商）。

（5）**供应商的议价能力**（Bargaining power of suppliers）。供应商能够通过提高价格或降低已购商品和服务的质量产生威胁。使供应商强大的条件，往往与那些使客户强大的条件相似。理想情况下，你希望拥有能够从各种渠道找到货源的企业，并为这些投入增加巨大的价值。

我不但试图评估一个厂商如何对待它的客户和供应商，而且还了解其竞争优势的性质和质量。波特的五力分析模型和SWOT（优势、劣势、机会和威胁）分析相结合，构成了一个强大的工具，它让我知道为什么一家公司会获得巨额的收益，并为我标记出了我需要向管理团队询问的问题。

　　基于此，然后我会问自己是否加入了一个能让我与之舒服共事的管理团队。我需要一个卓越的管理团队来经营企业，他们能干、诚实、公正，并且与股东利益一致。

　　话虽如此，如果你有足够强大的壁垒来保护你的特许经营权，那就并不需要最出色的管理团队来经营它。回想一下巴菲特的那句名言："我喜欢投资一些连笨蛋都会经营的企业，因为总有一天，这些企业会落入笨蛋手中。"特许经营和管理团队之间的权衡，有时会有点儿像让小艇上的舰队司令和快艇上的甲板水手进行对抗。理想的做法是，你应该为一艘不会倾覆的航船寻找一个有能力的水手。

　　如上所述，接下来的步骤就是价值判断。我设法根据我对未来 5 年、10 年或者更多年限企业收入的评估，来决定什么代表着合适的买入价格。我需要弄清楚，在未来的几年里，企业的收益能力是会变得越来越好还是越来越坏。这主要集中在其增长前景、销售额和资本的利润以及自由现金流的创造上。我设法评估未来的收入和现金流可能是什么。进入的壁垒和管理质量，会极大地影响未来规划的准确性和可预测程度。

　　第三章到第八章，将更详细地展示在探索确定企业质量的过程中应该寻找什么。图 2-1 展示了投资的"三位一体"，表达了我如何从概念上观察这个探索的过程。

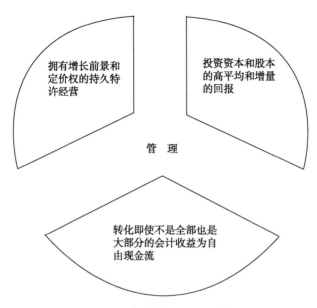

图 2-1 投资的"三位一体"

第三章

增长并不总像看上去那样

快速增长可能是价值增值的一个误导性指标，因为它可以简单地通过向企业注入资本来实现。

——贝内特·斯图尔特三世（G. Bennett Stewart Ⅲ）：《价值探寻》（*The Quest for Value*）

我们已经确定，增长是我们在一家优质企业中寻找的特征之一。然而，这其中有很多注意事项，而且需要格外谨慎。

很多投资者都对增长高度关注，但却很少有人理解其真正的重要性。的确，如果你问为什么增长对企业估值如此重要，很少有人能够给出准确的答案。

投资者喜欢处于增长中的公司，因为他们相信收入、利润和收益的增长是推动股价的因素，除此之外没有其他因素。如果一家企业正在扩张，多数观察者会认为，它同时也在创造价值，但事实并非如此。正如我们将在本章中看到的，公司在破坏所有者的价值后，仍然可以继续增长。仅仅关注增长，就忽略了与之同等重要的资本利润（profitability of capital）和自由现金流。

增长与利润之间的权衡

管理层的最主要目标，必须是最大化地创造价值。一家企业创造的价值是收益增长乘以利润（定义为"资本回报"）与资本成本之差。表 3-1 展示了这些因素是如何相互作用的，其中用到的公式是：

价值的变化＝单位资本×增长率×（资本回报−资本成本）

表 3-1 显示，在资本回报率等于资本成本之前（即 10% 左边的垂直列），增长实际上就会破坏价值；而且增长率越高，被破坏的价值就越多。当资本的回报率等于资本成本，那就不存在价值会被增长创造或破坏，这是显而易见的。而越过 10% 的回报率门槛，随着增长率和利润率的提高，价值也会越来越高。

表 3-1　　在给定增长率和利润率情况下创造或破坏的价值

		利润（资本回报）								
		0.0%	2.5%	5.0%	7.5%	10.0%	12.5%	15.0%	17.5%	20.0%
增长率	0.0%	-10.00	-7.50	-5.00	-2.50	0.00	2.50	5.00	7.50	10.00
	2.5%	-10.25	-7.69	-5.13	-2.56	0.00	2.56	5.13	7.69	10.25
	5.0%	-10.50	-7.88	-5.25	-2.63	0.00	2.63	5.25	7.88	10.50
	7.5%	-10.75	-8.06	-5.38	-2.69	0.00	2.69	5.38	8.06	10.75
	10.0%	-11.00	-8.25	-5.50	-2.75	0.00	2.75	5.50	8.25	11.00
	12.5%	-11.25	-8.44	-5.63	-2.81	0.00	2.81	5.63	8.44	11.25
	15.0%	-11.50	-8.63	-5.75	-2.88	0.00	2.88	5.75	8.63	11.50
	17.5%	-11.75	-8.81	-5.88	-2.94	0.00	2.94	5.88	8.81	11.75
	20.0%	-12.00	-9.00	-6.00	-3.00	0.00	3.00	6.00	9.00	12.00

说明：100 单位已动用资本的资本成本假设为 10%。

　　这张表格另一个有意思的地方是，相比一个给定的增长率的提高，一个给定的利润的提高能创造更多的价值增值。每增加 2.5% 的利润（在纵轴上水平移动）带来的附加值，要比每增加 2.5% 的增长率多（在横轴上垂直移动）。

　　如果管理层过度关注扩张其帝国的边界——即增长，并且如果这种增长以低于资本成本的资本回报为代价，那么价值就会被破坏。这种价值损失将反映在权益资本的价格（即股价）上，其将被股票市场贬值到资本认可的卖出点位，在这个点位上资本将会以在经济领域其他地方可以获得的回报率为依据。一家成长型公司，其股价始终是以低于其资产净值的价格出售的，那几乎相当于无法接受回报的再投资资本。投资者最好把资金投到其他的地方。

　　或者，如果管理层过度关注从投资新项目中获得即时回报——也就是利润，那么，他们就有可能冒错过那些需要时间来构建一个合适或更高水平回报的项目的风险。在这种情况下，他们将放弃长期的增长，来追求短期的满足；也将由此失去抢占市场份额的机会，让自己在未来面临竞争威胁。

公司不可能总是同时拥有更多的增长和更高的回报，优秀的管理层关于来自投资回报的判断是至关重要的。从投资者角度来看，对管理层在这方面能力的良好判断，对投资决策的成功也是非常关键的。

收益是不平等的

用于公司估值的传统会计模型显示，股票价格是在一个适当的市盈率（PER）① 上利用会计收益来确定的。因此，对传统投资者来说，收益的增长就是"圣杯"（Holy Grail）②。例如，合理成长（GARP）③ 派的投资经理们就会寻找能够"以合理价格增长"的股票。注意，

---

① 市盈率（PER）：全称 Price-to-Earnings Ratio。股票估值最常运用的指标之一。优点在于简单明了告诉投资者在假定公司利润不变的情况下，以交易价格买入，投资股票靠利润回报需要多少年的时间回本；同时，它也代表了市场对股票的悲观或者乐观程度。市盈率公式有两个，分别是：市盈率＝股价÷每股收益；市盈率＝总市值÷净利润。

② 圣杯（Holy Grail）：起源于古法语，意指某种餐具。历史上对"圣杯"有多种解释。最新的流行解释来自丹·布朗的《达·芬奇密码》，书中说，"圣杯"并不像罗马教廷宣称的那样，是耶稣在最后的晚餐中使用的杯子，而是一个隐喻。现在常用来比喻"无处寻觅的稀世珍宝"。

③ 合理成长（GARP）：全称 Growth at a Reasonable Price。一种典型的混合型投资策略。这种策略融合了价值策略和成长策略的优势，以合理价格为标尺，规避了市场风格转换的风险；以持续成长为目标，分享了企业成长的红利，最终达到风险调整后的持续稳定的超额回报。

这里并没有提到投资资本的回报。

但正如我们所看到的，从资本利润中分离出来的收益，是一个具有误导性的业绩指标。虽然那些以最高市盈率倍数来销售的公司通常都在快速增长，但快速增长本身不足以保证一个高倍数。

以两个假设的公司——桑福德和迪兰为例。两家公司目前的收益相同，预计将公布相同的收益增长率。它们应该以相同的市盈率倍数来评估吗？用于估值的会计模型会这样评估。但假设桑福德需要投资的资本是迪兰的两倍，以达到这个增长率；或者换一种说法，在资本投入相同的情况下，迪兰产生的增长率是桑福德的两倍，那么迪兰的市盈率倍数是桑福德的两倍吗？

桑福德正努力实现增长，而迪兰则在设法实现更有效的资本利用。在表 3-2 中，我们可以看到，随着时间的推移，迪兰的现金使用效率（为便于衡量，收益不必考虑新资本投入）要远远高于桑福德。显然，一个更有价值但仅仅专注于收益和增长率的公司并不能反映这一点。（幸运的是，还有另外一种方法，即用于公司估值的经济模型，我们将在第四章中对此进行分析。）

表 3-2　　　　　桑福德和迪兰的收益及现金使用效率

（货币单位：百万英镑）

	年份	1	2	3	4	5
桑福德	收益	10.0	11.0	12.1	13.3	14.6
	再投资	5.0	5.5	6.1	6.6	7.3
	现金流	5.0	5.5	6.0	6.7	7.3
迪兰	收益	10.0	11.0	12.1	13.3	14.6
	再投资	2.5	2.7	3.0	3.3	3.7
	现金流	7.5	8.3	9.1	10.0	10.9

　　像桑福德这样的资本密集型企业，可能需要利用其大部分现金流来重新投资生产性资产，以维持其收益能力。相反，像迪兰这样与之类型不同的公司，可能很少有固定资产的需求，因此它的现金流就变得更加灵活，可以用来进行并购，或者作为股利或以股票回购的形式返还给股东。

　　现金流一旦变得可分配，就真的变得有价值了。企业所有者不能耗尽工厂、存货或应收账款。这意味着，企业创造的增长只是简单地增加了资产而非现金，就算始终有价值，对投资者来说也是毫无价值的。

　　你可以看看它出自哪里。那些内在增长较慢的公司的经理们，可以通过向企业投入更多资金来提高他们的明显回报。这与贝内特·斯图尔特的开场白不无关联。

　　在个人层面上，你可以这样想。假设你希望明年能把收入提高 10 英镑，你通过去年的努力得到的现金还剩下 400 英镑，你可以通过在 5% 的储蓄账户上投资 200 英镑来获得这 10 英镑的增长，然后花掉另外 200 英镑。或者，你可以在一个 2.5% 的储蓄账户中存入 400 英镑，在年底仍然产生额外的 10 英镑。哪个生意经更伟大呢？很明显：投资高回报，并为自己赚得红利。

　　向企业投入更多资本的做法，往往是通过并购来实现的。这种方式比理想的生意经创造的回报要小。更糟糕的是，如果资本收益低于机会成本，那么任何增长实际上都破坏了所有者价值，正如我们在表 3-1 中所看到的。你可以把机会成本看作是竞争对手的储蓄账户，提供更高的利率。

为增长而增长：能多洁集团的例子

在进行估值和给出投资建议时，分析师会更多地关注收益增长，而不是现金的表现。但是，经理们更应该因听信分析师的话而受到谴责。许多管理者着迷于通过并购来提高公司的增长率，这使他们偏离了最初使其企业成功的原则，比如在一个紧俏的资本基础（capital base）上，销售最赚钱的产品，以满足客户的需求。

20世纪90年代中期能多洁集团（Rentokil Initial）[①]的经历，刚好印证了这一点。1996年年中，能多洁并购了一家名为BET的公司（规模比能多洁大两倍）。在此之前，克莱夫·汤普森（Clive Thompson，能多洁的首席执行官）已为自己赢得了"20%先生"的绰号。20%是过去14年里能多洁的年收益增长率，这一成就使其成为英国最受尊敬的公司之一。

但并购BET公司的做法过于激进。尽管在刚完成并购期间，扩大后的集团整体每股收益继续增长约20%，但对能多洁集团的股东而言，稀释股权的代价却是巨大的——利润和现金流都大幅缩水。这显示在表3-3中。

---

① 能多洁集团（Rentokil Initial）：拥有百年历史的英国百强企业，1969年上市，目前是世界领先的虫害防治服务提供商。主要业务涉及欧洲、北美洲、亚太地区和非洲，服务内容包括纺织、洗手间服务、虫害防治、办公室绿植、艺术设计、快递和设施服务。

表 3-3　　　　　1994—1998 年能多洁集团的财务表现

（货币单位：百万英镑；另有说明除外）

至每年 12 月	1994	1995	1996	1997	1998
销售额	735	875	2340	2875	2899
营业利润	176	210	342	449	504
营业利润率(%)	*24.0*	*24.0*	*14.6*	*15.6*	*17.4*
税前利润	177	215	318	417	491
收益	115	139	219	295	350
收益率(%)	*15.6*	*15.9*	*9.4*	*10.2*	*12.1*
每股收益（便士）	5.9	7.1	8.6	10.3	12.2
增长率(%)	*+20.8*	*+21.1*	*+20.5*	*+20.4*	*+18.4*
现金收益	87	117	122	234	232
平均股本	390	491	1438	2413	2664
单位股本实现的销售额（便士）	188.2	178.3	162.7	119.1	108.8
单位股本实现的收益（便士）	29.4	28.4	15.2	12.2	13.1
单位股本实现的现金收益（便士）	22.3	23.9	8.5	9.7	8.7

在这里，平均股本回报率即单位股本实现的收益，这一数据从 1995 年的 28.4 便士急剧下降到 1996 年的 15.2 便士，1997 年下降到 12.2 便士。单位平均股本实现的现金收益下降得更多，从 1995 年的 23.9 便士降至 1996 年的 8.5 便士和 1997 年的 9.7 便士。在并购当年，事实上自开始并购以来，集团所产生的"经济增加值"（economic value-added）不仅是零，而一直都是负的。

会计收益的增长持续了一段时间，仅仅是因为大量的廉价、低税收的债务被用来支付并购的费用。尽管回报在债务成本之上，新进入的公司并未能产生盈余的现金，因此，最初利润丰厚的能多洁集团被迫将多余的现金流转移到服务和偿还 BET 公司的债务上，而不是向所有者（股东）提供。

　　到目前为止，能多洁集团依然没有恢复持续的增长态势。自此次并购以来，虽然各管理团队试图将投资组合合理化，该集团的营收却始终被限制在 17 亿—25 亿英镑这个范围当中。同样，每股收益也从未回升至 2003年 16.5 便士的纪录之上，股利也变得不稳定。

　　上文所述，如图 3-1 的股价表现所示。该图还显示，尽管 1996 年和 1997 年出现了预警信号，但要在股价上有所反映，还需要几年的时间。这是投资的一个共同本质：你能够预测到一些事情会发生，但你很难知道它什么时候发生。

图 3-1　1995—2015 年能多洁集团股价（月平均）

增长和利润驱动价值创造

当公司都获得同样的投资资本回报率，并且这个回报率明显高于资本的机会成本时，一家快速增加其收入、收益和资本基础的公司，比缓慢增长的公司更有价值。

如果增加投资的回报一直都能合理地超过投资者的资本的机会成本，那么这个增长将会增加一家企业的经济价值。换句话说，公司的留存收益最好用来支持企业，而不是用于支付股东，然后再投资到其他地方。此外，在其他地方进行的这种再投资，将会在支付股利时产生税收，而留存收益再投资于企业则不会。

有些企业非常善于创造价值，其他企业则不行。就像我们之前看到的桑福德和迪兰的例子一样，两家公司的收益增长率理论上是一样的（或者实际上是非常相似的），但它们的市场价值可能相差很大。这个差异在于已动用资本回报率和单位已动用资本所产生的现金量。营业利润率可能在这个企业下降，在另一个企业扩大。销售额与资产比率可能会在一个企业扩大，而在另一个企业下降。如果这两家企业是零售商，那么关键的差异可能是库存周转率、应收账款天数或者资产运用效率（asset utilisation）①。

———————————

① 资产运用效率（asset utilisation）：指资产利用的有效性和充分性。有效性指使用的后果，是一种产出概念；充分性指使用的进行，是一种投入概念。资产的运用效率评价的财务比率是资产周转率，其一般公式为：资产周转率＝周转额÷资产。

给定相等的收入增长率，那些相对于资本成本而言在资本上获得更高回报的公司，能够获得更高的股票市场价值。随之而来的是，增长和利润都能够推动经济，从而推动股市、价值。

有些企业根本不增长，因为它们在成熟市场运作，在资本上赚取巨额差价，几乎不需要进行投资和现金流。仅仅因为它们没有增长，并不意味着它们没有什么价值。相反，这些企业就像年金一样：它们可能不会有多大的增长，但仍然会带来一些现金收入水平上的变化，年复一年。

一些公司放弃了增长机会，因为它们更倾向于在短期内产生现金。但如果投资于那些机会，它们不景气的短期现金流可能就会发展成更长期的现金流。有时候，为了明天会有更多的"果酱"（jam）①，投资者在当下接受较少的"果酱"是值得的。

需要重申的是，增长、在资产基础上赚取较低的回报率、很少或根本没有获得自由现金，把这种增长的企业作为投资标的，在本质上接近于毫无价值的投资。稳定、收益在资本的机会成本上是适度的，把这种增长的企业作为投资标的，很可能会拥有一个合适的投资价值。增长、资本回报高并产生大量的自由现金，把这种增长的企业作为投资标的是非常有价值的。

---

① 果酱（jam）：英美俚语，寓指对工作的激励或奖金。源于英国儿童名作《爱丽丝镜中奇遇记》（*Through the Looking-Glass*），作者刘易斯·卡罗尔（Lewis Carroll）在书中写道："白女王每隔一天都会给爱丽丝一次'果酱'，作为爱丽丝工作的一种激励。"

增长的根基

所有的增长都始于销售额或营收。销售额产生利润、收益和现金流。没有销售额，其他的价值增强变量都无法产生。

为了产生销售额，企业必须提供一种产品或服务，这种产品或服务对企业选定的客户具有吸引力，使其能够向这些客户提供实用价值，并为供应商提供经济上的意义。通过以极低的价格销售产品，可以很容易地产生增长，但这对供应商来说毫无经济意义。实用价值必须以一种绕过竞争产品或服务的方式提供给客户，否则破坏性的价格竞争很快就会到来。

在供应方面，以下是企业实现有机销售（organic sales）① 增长的主要方式。

（1） 生产和销售更多相同的产品或服务。这是一种风险最小的销售增长模式。一家公司已经建立了市场对其产品的可接受性。生产下一个单元的增量成本通常仅限于可变成本，因此这些增量销售的利润非常有吸引力。主要的经营风险来自企业必须进入新的市场，比如海外市场。

（2） 以更高的价格销售同样的产品和服务。现有的客户可能会对更高的价格进行抵制。如果企业向客户提供"必须"（must-have）品，而竞争

---

① 有机销售（organic sales）：指不计入并购交易、资产剥离交易以及汇率变动影响的销售额。

性产品没能提供同等实用价值水平的服务，那
么价格上涨态势很可能会保持良好。

（3）卖给那些过去没有买过的新顾客。公司也许能
够为其产品找到新的目标市场，从而能够以更
大的数量和更高的价格进行销售：这是一种双
重的打击。不过，差别定价并不容易实现。要
想取得成功，就必须在不同的市场之间保持不
透明。

（4）开发并销售新产品和服务。这是实现销售增长
风险最大的一种模式。新产品会增加成本、失
败的风险，以及确立新客户和新竞争优势的
风险。

在需求方面，产生增长的主要方式有：

（1）具备竞争力。如果存在同类产品，那么产品的
价格必须比其他产品更具竞争力。它必须在其
所提供的实用价值方面具有竞争力，并且必须
在所有投入成本方面具有竞争力。

（2）为目标市场给产品定价。该产品必须与它所瞄
准的市场的财富和可支配收入相吻合。如果消
费者或企业没有足够的可自由支配的资源支持
他们来购买目标产品，那么，公司就是在浪费
时间和所有者的资金。

（3）避免时尚。一种产品可能合乎当下的口味，但
这种口味是易变的。例如，时装连锁店，是根
据它们是否被认为时髦而流行起来的。一般来
说，时装公司并不是很好的长期投资标的，因
为它们过几年后就会变得缺乏很高的可预测

性。收入、利润和收益的增长，需要在合理的时期内一直保持，以便能够对未来的一系列现金券进行价值评估。

与以往一样，销售额将让投资者对这些关键投资问题的理解保持简单。这样，利润、收益和现金流这些指标就能够被实际运用。控制增长是好的，不过，如果不与利润和现金增值关联，那就会变得毫无价值。对于投资者来说，如果他们所创造的组合价值，不能以比其价值低很多的价格在股市中买到，那么这三种方案都是非常昂贵的。

第四章

资本利润驱动股东价值

如果一家企业的资本回报率很高，而且已经很长一段时间了，那么，说这是一家不错的企业，而且很可能是一笔不错的投资，是言之有理的。

——理查德·科克

（Richard Koch）:

《散户兵法：十种超越大盘的选股策略》

（*Selecting Shares That Perform*）

大多数投资者考虑的利润，是依照一家公司能够从其产生的每 1 英镑收入中赚得多少利润。这的确是一种衡量利润的指标——销售利润（profitability of sales）——但它只专注于损益账户。

还有另一种衡量利润的指标：资本（或企业已动用的净资产）回报率。这种指标可以衡量该公司管理资产负债表的能力。当通过资本回报衡量时，增长和利润相互作用，决定了企业真正的价值创造，这就是我们将在本章研究的内容。

资本密集度与自由现金流

让我们回到我们之前假设的两家公司——桑福德和迪兰公司。给定相同的增长率，每 1 英镑资本投入获得较高利润的企业，会比每 1 英镑资本投入获得较低利润的企业更有价值。

换句话说，在一定风险情况下，产生给定的销售额和收益水平所用到的资本越少，你的情况就越好，因为你每 1 英镑投入得到的回报都更高，因此产生的自由现金流也就更高。最终决定价值的是自由现金。

表 4-1 展示了增长和利润之间的相互作用，我们假定三家公司都在以每年 10% 的速度增长其利润。尽管收益增长率是相同的，但每家公司支持这种增长的再投资需求都有所不同。

表 4-1　　　　已动用资本、再投资需求和自由现金流

（单位：百万英镑）

	年份	1	2	3	4	5
桑福德	收益	10.0	11.0	12.1	13.3	14.6
	之前的资本基础	50.0	55.0	60.5	66.6	73.2
	再投资	5.0	5.5	6.1	6.6	7.3
	之后的资本基础	55.0	60.5	66.6	73.2	80.5
	现金流	5.0	5.5	6.0	6.7	7.3
	平均资本回报率(%)	19.0	19.0	19.0	19.0	19.0
迪兰	收益	10.0	11.0	12.1	13.3	14.6
	之前的资本基础	50.0	52.5	55.1	57.9	60.8
	再投资	2.5	2.6	2.8	2.9	3.0
	之后的资本基础	52.5	55.1	57.9	60.8	63.8
	现金流	7.5	8.4	9.3	10.4	11.6
	平均资本回报率(%)	19.5	20.4	21.4	22.4	23.5
凯瑟菲尔德	收益	10.0	11.0	12.1	13.3	14.6
	之前的资本基础	25.0	26.2	27.5	28.9	30.4
	再投资	1.2	1.3	1.4	1.5	1.5
	之后的资本基础	26.2	27.5	28.9	30.4	31.9
	现金流	8.8	9.7	10.7	11.8	13.1
	平均资本回报率(%)	39.0	40.9	42.8	44.9	47.0

　　这次，我们假设桑福德和迪兰一开始都拥有 5000 万英镑的投资资本。为了实现这一增长，资本密集度更高的桑福德其资本基础必须每年增加 10%，而资本密集度低的迪兰只需每年增加 5% 即可满足。在其他条件相同的情况下，对比第五年和第一年可以看到，迪兰的自由现金增加了 410 万英镑，而桑福德只勉强完成了 230 万英镑。这就使在第五年迪兰产生的自由现金总量达到了桑福德的 1.59 倍。

事实上，即使迪兰的再投资需求是桑福德的一半，也不太可能让两家公司在第一年资本基础都相同的情况下处于同一起跑线上。对于迪兰来说，要达到1000万英镑收益所需的资本比桑福德公司要少得多。

这里我们再假设第三家新公司：凯瑟菲尔德（Castlefield）。该公司从2500万英镑的资本开始，然后以每年5%的速度增长，以支持其10%的利润增长。在5年的时间里，凯瑟菲尔德的自由现金增加了430万英镑，达到了桑福德在第五年获得现金总量的1.79倍。

由于股利和剩余资本回报是用自由现金而非会计收益来支付的，这表明凯瑟菲尔德正逐渐变得比迪兰更有价值；反过来说，也意味着比桑福德更有价值。这一点也反映在了平均已动用资本回报的数额和增长上。

经济商誉

那些能产生高于平均资本回报率的公司，其价值远远超过其资产的账面价值。大体而言，这样的公司不依赖于有形的工厂和机器设备来产生高回报——它们的"独特的卖点"（USP）① 是无形的，依赖于提供一些独

---

① 独特的卖点（USP）：全称 Unique Selling Proposition，表示"独特的销售主张"或"独特的卖点"。罗塞·里夫斯（Rosser Reeves）在20世纪50年代首创的概念，他当时是美国达彼思广告公司（Ted Bates）的董事长。里夫斯比较早地意识到广告必须引发消费者的认同，他认为"独特的卖点"是消费者从广告中得到的东西，而不是广告人员硬性赋予广告的东西。

特或专有的东西。简言之，这类公司拥有良好的经济商誉（economic goodwill）①，这使它们能够获得溢价，并为其股东带来额外的回报。

如果不是这样的话，对非差异化产品或服务的高价收费将会引来其他的竞争者。如此一来，这部分超额回报将会被资本成本争夺，也就是说，会被压低到不再有潜在利润的地步。

值得注意的是，经济商誉不应该与会计商誉（accounting goodwill）②混淆。最好的情况是，会计商誉在资产负债表上是静态的，因为它仅仅是一种代表企业并购方支付溢价的簿记记录，对价超过了被并购的净资产。

只要一家公司的服务质量声誉保持不变，随着公司向越来越多的客户提供服务，其经济商誉就会逐渐提高。

随着时间的推移，拥有巨大经济商誉的特许经营公司会变得越来越有价值，因为它们通常会把收益能力和对新增资本的低欲望结合起来。这是因为它们的"独特的卖点"常常依赖于无形的特质，而这些特质对于潜在

---

① 经济商誉（economic goodwill）：某种能给企业带来"持续利润"的非有形资产，它并不完全反应在资产负债表上（即它不等同于资产负债表上的"商誉"或"无形资产"）。经济商誉是可以估算的，直接体现的是企业的护城河。巴菲特专门写过一篇文章来阐述经济商誉，给出的定义是："当净有形资产能产生远超过市场水平的回报率时，公司价值从逻辑上讲远超过净有形资产，这一超出市场回报的价值被资本化就变成了经济商誉。"

② 会计商誉（accounting goodwill）：记录在资产负债表"商誉"一栏里的一个数字，在每年年末进行减值测试。简单地说，就是当一家公司并购另一家公司时，出价不可能正好等于被并购公司的净资产，而是总要多出一点。多出的那一部分，并购完之后就列在资产负债表的"商誉"一栏里。

的竞争者来说很难复制。相反地，那些营业额中包含高比例的固定资本和营运资本的企业，在这些资产上获得的回报率往往会较低，他们每年都需要大量的新增资本来维持经营。

伟大的、有价值的和毫无价值的资本使用

让我们来考虑一下根据资本利润区分不同的企业。伟大的企业消耗很少的新资本，就能够持续产生极好的回报。我最渴望的情形，是拥有一种竞争者很难对抗的可拓展的销售品，再加上一个低水平的成本（尤其是固定成本）。

这些特许经营公司依赖于智力资本（intellectual capital），如员工技能、必须品、专有技术或掌握某些客户的心理。由于再投资需求较为适度，回报将会很高，并能够创造更加丰富的现金。它们每年只会返还越来越多的现金，而不需要你投入很多。打击了如此之多的固定资产沉重的企业的通货膨胀或通货紧缩以及更新周期，对这些特许经营公司的回报并没有不利的影响。这里有很多伟大企业的例子，比如哈格里夫斯·兰斯多恩（Hargreaves Lansdown）①、RWS 控股（RWS Holdings）②、

---

① 哈格里夫斯·兰斯多恩（Hargreaves Lansdown）：英国的一家金融服务公司，总部位于布里斯托尔，是英国最著名的投资平台。

② RWS 控股（RWS Holdings）：英国的一家翻译和知识产权服务公司，是欧洲领先的知识产权支持服务（专利翻译、归档和搜索）以及高级技术、科技、法律和金融翻译提供商。

BVXP 公司（Bioventix）① 以及游戏车间（Games Work-shop）②。

一家有价值的企业需要资本，但其在资本上产生的回报是非常令人满意的，并且远远高于资本成本。从投资角度来看，这类企业也是完全令人满意的。比如罗托克（Rotork）③、斯派－莎克工程（Spirax-Sarco Engineering）④、威格斯（Victrex）⑤ 以及 A. G. 巴尔（A. G. Barr）⑥。

一家毫无价值的企业只是为了存活在资本游戏当中而被迫增长，而且管理层正以一个低于资本成本的回报率投入资本，最为糟糕的是，甚至会低于投资者街头就可以赚到的无风险收益。这种企业实际上是在透支未来

---

① BVXP 公司（Bioventix）：英国的一家生物技术公司，专注开发用于免疫诊断的高亲和力绵羊单克隆抗体。

② 游戏车间（Games Workshop）：英国的一家游戏开发商（迷你模型生产商），成立于 1975 年，总部位于诺丁汉，发行过包括《战锤奇幻战役》《战锤 40000》等多款战争类游戏。

③ 罗托克（Rotork）：英国的一家工业控制及仪器仪表生产商。成立于 1958 年，以生产各种自动化执行器闻名于世。在伦敦证券交易所上市，是"富时 250 指数"成分股公司之一。

④ 斯派－莎克工程（Spirax-Sarco Engineering）：英国的一家蒸汽工程系统公司。公司历史可追溯至 1888 年，1937 年建址于英国，至今已有 100 多年的历史。主要生产控制蒸汽和其他多种工业流体的阀门，是蒸汽工程系统的世界领先者。

⑤ 威格斯（Victrex）：英国的一家化学聚合物生产公司，世界顶级的高性能聚酮解决方案提供商，与比利时索尔维（Solvay）、德国赢创（Evonik）并称全球三大聚醚醚酮（PEEK）生产商。

⑥ A. G. 巴尔（A. G. Barr）：全称 Andrew Greig Barr，英国食品饮料巨头，总部位于苏格兰北部的坎伯诺尔德。公司在伦敦证券交易所上市，是"富时 250 指数"成分股公司。

的现金流，以支撑以往糟糕的经营业绩。所谓"烟囱工业"，诸如钢铁或纺织品行业，就是此类经济上缺乏吸引力的企业的例证。要想拥有任何一点优势，都需要其他的投入要素，比如更为廉价的劳动力，因此它们会从发达经济体中转移出去。

利润增长

正如我们所看到的，收益增长是已投入资本量乘以资本已实现回报率。

企业可以通过向低回报项目投入大量资金来实现增长。这种增长并不那么值得，因为它只能在缺少经济回报的情况下向项目投入更多的资金来维持。这些项目可能涉及在更多生产性资产或并购方面的资本支出。这种方法制造的增长带来了收益的增长，但是，正如能多洁集团的股东所发现的那样，现金枯竭，最终被股票市场解读。在那个时候，它导致股价下跌，使资本的市场价值大幅贬值——有时甚至跌至零！

对投资者来说，最有价值的增长来自：将更多的资本委托给一个能够在职责范围内以极具吸引力的回报率来配置资本的、有能力的管理团队。有时，这可能是以一种"抢地"（land grab）的形式，即在竞争对手还没来得及做出反应之前占领有效市场的大部分份额，或者是不断推出新产品（门店）。随着规模经济的增长，这一增长将提高利润。

一个很好的例子就是达美乐比萨集团（Domino's Pizza Group）①，它在竞争激烈的英国外卖比萨饼市场上确立了自己第一品牌的位置，领先于必胜客、棒约翰和完美比萨公司。使达美乐比萨如此成功并吸引投资者的，是其连锁店特许经营模式的特点。

（1）基于原料质量、响应时间、信誉以及复杂的排序技术运用这些持久的竞争优势。

（2）新开门店的潜力。超过 20 年的时间里，英国门店数量增长超过 8 倍。而在英国和爱尔兰仍旧具备相当大的增长潜力，有望达到 1200 家门店。

（3）门店的资本投资支出由加盟者承担，母公司只需要为门店的基础设施建设投入资金。

（4）母公司通过特许权使用费、特许经营费、原料销售、资产租赁和 IT 系统等方式，抽取了大约 40%的门店销售额。

（5）利润得益于规模经济。

（6）现金产生强劲，允许使用渐进的股利分配方案并定期向股东返还资本。

表 4-2 显示了在过去 10 年里，达美乐的财务业绩如何反映了这些优势。2011 年以来，公司的业绩出现放缓，这是由于并购了德国和瑞士的两家亏损的经销商直营店。在这一过程中，公司 4 年内亏损了 2020 万英镑。这进一步证明了并购引领型增长的危险。

---

① 达美乐比萨集团（Domino's Pizza Group）：比萨饼外送服务公司，创立于 1960 年，总部位于美国密歇根州安娜堡，通过公司自营及特许加盟店网络，在美国及全球市场经营外送比萨饼业务。

表 4-2　　　　　2005—2014 年达美乐比萨财务表现统计

（货币单位：百万英镑；另有说明除外）

至每年12月	2005	2006	2007	2008	2009	2010	2011	2012	2013	2014
增长:										
平均开店数量	382	429	476	527	581	637	696	766	832	876
周平均单位销售额（千英镑）	10.7	11.3	12.5	13.5	14.1	15.2	15.6	15.3	16.4	17.7
营业额	81.7	95.0	114.9	136.0	155.0	188.6	209.9	240.5	266.8	294.4
（增长%）	+10.0	+16.3	+21.0	+18.4	+14.0	+21.7	+11.3	+14.6	+10.9	+10.3
营业利润	10.8	14.0	18.7	23.6	29.5	37.8	42.0	46.8	47.3	54.4
（增长%）	+20.0	+29.3	+33.2	+26.1	+25.1	+28.4	+11.2	+11.3	+1.0	+15.1
每股收益（便士）	5.1	6.1	8.5	10.9	13.8	17.4	19.5	22.2	26.2	26.1
（增长%）	+22.5	+19.9	+38.9	+28.2	+27.1	+25.7	+12.2	+13.8	+18.4	-0.4
利润:										
营业利润率（%）	13.3	14.8	16.3	17.3	19.0	20.0	20.0	19.5	17.6	18.5
平均股本回报率（%）	61.6	113.0	145.5	155.1	137.7	99.9	78.9	64.9	70.2	60.6
现金流:										
自由现金流量	9.0	12.6	16.4	7.8	9.9	24.9	18.4	26.5	34.6	58.2
会计收益到自由现金流的转换率（%）	108	127	123	46	46	92	59	74	81	135
股东回报:										
扣除所得税和少数股东权益后的净利润	8.3	9.9	13.4	16.8	21.6	27.1	31.3	36.0	43.0	43.2
股份回购	8.2	10.2	8.4	3.8	7.6	4.7	2.2	3.3	0.0	2.2
股息	3.2	4.2	5.8	8.0	10.5	13.6	18.0	21.8	24.6	27.5
股东总回报	11.4	14.4	14.2	11.8	18.1	18.3	20.2	25.1	24.6	29.7
回报占净利润的百分比	138	146	106	70	84	68	65	70	57	69

　　图 4-1 展示了达美乐比萨的财务表现在股票市场上的积极反应。

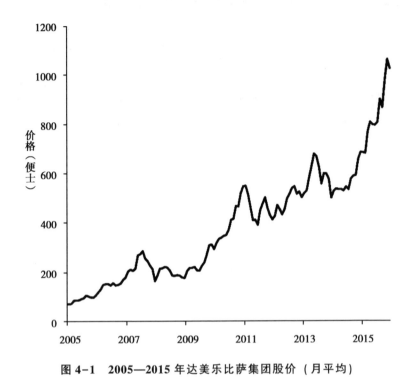

图 4-1　2005—2015 年达美乐比萨集团股价（月平均）

资本回报率：风险与补偿

　　新投资的目的，必须是创造更大的股东财富。只有公司在新投资项目上的回报超过把这笔钱投到其他地方获得的回报时，更大的财富才能够产生。资本回报率代表了资本的机会成本，同时也是经济学和投资领域一个耳熟能详的概念。

　　企业是在竞争性市场中运作的。这不仅意味着商品和服务等市场输出，而且也包括原材料、劳动力，尤其是资金等市场投入。金融资源（financial resources）①流向了那些能够提供丰厚回报前景的项目。别的地方有更好的投资机会，投资者为什么要选择低回报呢？当然，某些潜在的高回报，很可能会引发更大的风险。——这就要在回报和风险之间做出权衡。

当你把资金投入风险投资领域的企业，你必然会承担风险。每月的销售目标会实现吗？生产线是否能够不间断地保持运转？财务主管会搞砸吗？竞争对手的新产品开发会使公司产品显得过时吗？承担如此这般的风险，你不会不希望得到足够的补偿。

有些投资者属于风险厌恶型，他们不能忍受失去投资的一部分，更不用说损失全部投资了。这些人往往被称为"寡妇"（widows）和"孤儿"（orphans）。巴菲特非常赞赏哈里·杜鲁门（Harry S. Truman）②的这一观点："怕热，就别进厨房。"（If you can't stand the heat, stay out of the kitchen.）③相反，狂热型的投资者可能会自诩为风险所吸引，从而利用所谓优越的评估技术来从他人的无知中套利，从而捕获高报酬。对冲基金即属

---

① 金融资源（financial resources）：指金融领域中关于金融服务主体与客体的结构、数量、规模、分布及其效应和相互作用关系的一系列对象的总和或集合体。我国经济理论研究将金融资源概括为三个紧密相关的层次：广义的货币资产（资金）；金融组织体系和金融资产（工具）体系；金融体系的整体性功能。

② 哈里·杜鲁门（Harry S. Truman）：美国第 32 任副总统（1945 年），随后接替因病逝世的富兰克林·德拉诺·罗斯福（Franklin D. Roosevelt）总统，成为第 33 任美国总统（1945—1953 年）。

③ "怕热，就别进厨房。"（If you can't stand the heat, stay out of the kitchen.）：美国俗语，直译为："要是你受不了热，就别待在厨房里。"

此类。

　　企业视角投资者行走于中间地带，尽可能设法避开更多的风险，同时还能获得可观的回报。他们将风险定义为企业经营风险（business risk），而不是那种与企业经济现实关系不大的股票市场价格波动的相关风险。他们相信，经济价值和股价最终总要趋同，只是不知道什么时候才会发生。企业视角投资者期望高于平均水平的回报，他们能够以高度确定性进行预测，并且会将永久资本损失的风险尽可能降至最低。

资本成本的构成要素

　　正常情况下，随着企业的成熟，更多的资本会以逐步降低回报率的形式增加。这种情况会持续下去，直到边际回报率等于资本成本。此时此刻，新资本的来源开始枯竭，因为理性的投资者看不到获得超额回报的前景，他们会把资金转移到其他地方，以获取超额回报。

　　资金匮乏、没有高回报，收益增长很快就会消失。相对轻资本的企业仍然能够在较长时期内产生自由现金，因为它们只有很少的维护资本支出的需求。但资本密集度高的企业，资金将会持续处于匮乏状态，而在这一点上，这类企业未来的前景是暗淡的。

　　接下来的问题是：什么是资本成本？什么决定了资本成本？简单来说，资本成本就是投资者准备好从该公司接受的最低的资本回报。通过公司向项目投入资本时，在价值开始增加之前，必须先清除资金匮乏、没有高回报、收益增长很快就会消失这些障碍。公司让投资者承担的风险越大,它提供的潜在补偿就必须越大,反之亦然。因此,投资者的预期回报就是公司的资本成本。构成资本成本的三个基本要素是:

（1）企业经营风险的资本成本。

（2）债务成本。

（3）股本成本。

企业经营风险的资本成本（the cost of capital for business risk）代表了对不确定性的补偿。由于所有的企业投资活动本质上都有风险,因此投资者无法完全确定地预测去除税收和现金流之后未来的利润水平。所要求的补偿并不取决于公司选择怎样去负担这笔费用。它可以通过向政府债券提供的无风险回报增加一个企业风险溢价来预估。

债务成本（the cost of debt）是对信用风险的补偿,这一风险源于公司可能不履行支付利息和按时偿还本金的义务。确定债务成本是直截了当的:它是公司长期负债的税后到期收益率。债务成本的利息支出与在扣除营业利润税负之前计算的股本成本刚好相反,是在税后计算的,这是对避税方法的最好解释。债务提供方提供的息票价格（利率）将尤其取决于像穆迪（Moody's）、标准普尔（Standard & Poor's）和惠誉（Fitch）[①]等债务评级机构对公司的信用评级。对于交易性债务,比如我们将在第七章讨论的英国尊严殡葬公司（Dignity plc）发行的 A 和 B 型贷款债券,你可以每天查看其到期收

---

① 穆迪（Moody's）、标准普尔（Standard & Poor's）、惠誉（Fitch）:全球最大的三家国际评级机构,业务范围涉及各种类型的信用等级评估。

益率。

股本成本（the cost of equity）是对企业经营风险加上财务风险溢价的补偿，这一点反映出（普通股）股东处于资本提供者底层的事实。从已经可变的营业利润中，公司必须履行其义务，首先向英国税务海关总署（HM Revenue & Customs）纳税，其次向放贷人支付利息，最后向少数股东和优先股股东等非普通股的资本提供者支付股息。对以上所有这些进行优先偿付之后，余下的给普通股股东的收益，将会使普通股东成为最不稳定且风险最高的投资方。由此可见，股本是最昂贵的资本类别，因为股权风险溢价要求普通股股东担负额外的风险。

专业学者竭尽所能地设计模型，试图准确地描述股本成本。这是资本资产定价模型（Capital Asset Pricing Model，CAP-M）的核心，该模型是威廉·夏普（William Sharpe）[1] 以哈里·马科维茨（Harry Markowitz）[2] 的早期工作为基础，在 1964 年设计出来的。它引入了复杂的数学公式和希腊字母。巴菲特曾简洁有力地评论过这些金融"权威"们是如何使用他们的象征手法来恐吓外行人的。巴菲特认为，资本资产定价模型的推理是毫无意义的，真正的风险来自你不知道自己在做什么。其他人也

---

[1]　威廉·夏普（William Sharpe）：资本资产定价模型的奠基者，1990年和默顿·米勒（Merton Miller）及哈里·马科维茨共同荣获诺贝尔经济学奖。

[2]　哈里·马科维茨（Harry Markowitz）：1990 年诺贝尔经济学奖获奖人之一，是"不要将所有鸡蛋放在一个篮子里"的资产配置学派的真正创始人。他的研究在今天被认为是金融经济学理论的先驱工作，有"华尔街的第一次革命"之誉。

会问：如果专业学者如此聪明，那为什么巴菲特是世界上最成功的投资者，而这些专业学者的名字仍在政府部门的工资单上？

作为一个谦逊的人，我的观点非常简单：一个现实的股权投资者，应该去寻找那种每年总回报在8%—10%范围内的投资标的。因此，以10%作为股本成本是一种合理的尝试。最好是像这样做到近乎正确，而不是像资本资产定价模型方程那样确切错误。

公司债务和股本的混合成本与资本结构中动用的各自的资本数量的比例，被称为加权平均资本成本（Weighted Average Cost of Capital，WACC）①。它经常被用作把未来现金流折现到净现值的比率。

用债务替代股本

不管债务成本有多高，股本成本总会更高，因为股本成本需要承受额外的风险。此外，利息支出还提供了一个有价值的避税方法。正因为如此，公司才有理由准备好回购股票。只要负债水平是总利息支出能够被营业

---

① 加权平均资本成本（Weighted Average Cost of Capital，WACC）：指公司债务资本和股本资本的加权平均资本成本率。企业为股东创造的价值即企业收益超出投资成本的部分，企业的投资成本即用加权平均资本成本来表示。通过与加权平均资本成本进行比较，即可知预期进行的投资、项目等是否能够增加价值。加权平均资本成本中最明了的一部分就是公司的债务资本，大多数情况下，它就是公司需要偿还给银行或债务持有人的债务。相比之下，公司的股本资本较为复杂。通常，股本资本成本高于债务资本成本，因为股本资本还要包括风险溢价。

利润轻松覆盖（也就是说利息保障倍数充足）的情况下，股东就能通过举债经营的方式获取股本回报获利。表4-3中的示例展示了这一点。

表4-3　　　　　　　　资本结构及其对收益的影响

(货币单位：百万英镑)

X公司	无债务	有债务
营业利润	10.0	10.0
应付利息	0.0	(1.0)
税前利润	10.0	9.0
20%税率	(2.0)	(1.8)
税后利润	8.0	7.2
已发行含权股（百万）	100	80
每股收益（便士）	8.0	9.0

X公司发行了1亿股股票。以每股100便士的价格计算，市值为1亿英镑。税后利润为800万英镑，每股收益为8便士。因此股票的市盈率就是12.5倍。在第一列中，X公司在资本结构中没有负债，但完全依赖于股本融资。第二列中，X公司以5.0%的利率借款2000万英镑，然后用这笔钱在每股100便士的价位上回购了2000万股自己公司的股票。

税后利润下降了80万英镑，但发行的股份数量也下降了8000万股。因此每股收益从8便士增长到了9便士。这12.5%的增长完全归因于这样一个事实：5.6%的税后债务成本比没有负债情形的X公司的税前股本成本要更低。

股票的市盈率可能从 12.5 倍向下调整，因为随着其贷款人目前在"啄食顺序"（pecking order）[①] 中比普通股东更有优先权，X 公司将被视为一个更有风险的企业。但是在 10 倍的利息保障倍数情况下，债务水平会被认为是舒适的，而且市盈率任何方面的影响都不会达到抹去每股收益增长的程度。要完全消除这个问题，市盈率必须降至 11.1 倍，但这是不太可能的。

当公司选择举债的时候，X 公司的企业价值是其股本的 9000 万英镑的市值（8000 万股×12.5 倍市盈率×9 便士的每股收益），加上其债务的 2000 万英镑。最初市值是 1 亿英镑，现在是 1.1 亿英镑。那么，额外的 1000 万英镑的价值从何而来呢？答案是来自英国税务海关总署为利息支出抵免的每年 20 万英镑的税收。只要企业的经营模式不受干扰并且税收规则不变，这额外的 20 万英镑就将永远持续下去。额外的 1000 万英镑是未来额外现金流的现值。

为了充分利用债务来实现股东价值最大化，企业应该尽可能地去借入资金，而不是因为它们必须这样做。事实上，一家公司必须为扩张提高资本的需求越小，就越应该借更多的钱。一旦比有益于增长的再投资产生更多的自由现金，那么这些现金就可以用于服务更多具有实质避税优势的债务。然后资本可以用来支付特别股利，

---

① 啄食顺序（pecking order）：由美国经济学家梅耶（Mayer）提出的一种融资理论。其顺序为内源融资、外源融资、间接融资、直接融资、债券融资、股票融资。即在内源融资和外源融资中首选内源融资；在外源融资中的间接融资和直接融资中首选间接融资；在直接融资中的债券融资和股票融资中首选债券融资。

或退出普通股，这样就可以让未来的收益在更少的所有者之间分享。

但至关重要的是，只有股本在合理的价格下被回购，这种策略才有意义。在回购自己的股票时，许多公司很少会关注他们所支付的价格。

思腾思特咨询公司（Stern Stewart & Co）[①] 高级合伙人贝内特·斯图尔特就这一情形发表了这样的看法："轻视债务税收优惠，为强劲的现金盈余创造者吸引空闲求购方提供了一种显而易见的方式。"

已动用资本回报率

已动用资本的基本定义可以从两个角度来看待：资产和债务。每个角度都同样有效。

从资产的角度来看：

已动用资本＝固定资产＋净营运资本＋现金

从这个角度看，它代表了企业所能利用的所有经营性资产。

从债务的角度来看：

已动用资本＝总债务＋准备金＋非权益资本＋权益资本

---

① 思腾思特咨询公司（Stern Stewart & Co）：全球著名的管理咨询和资本顾问公司，由乔尔·思特恩（Joel Stern）和贝内特·斯图尔特（Bennett Stewart）在1982年共同创立，总部位于纽约，在全球设有13家分公司及4个代表处，拥有几百名专业咨询人士。公司倡导的企业价值管理体系立足于一项重要的公司金融理论——"经济增加值"（Economic Value Added，EVA）。

从这个角度看，它代表了所有投资于这些资产的资本和债务。

投资回报是营业利润加上现金产生的所有利息，后者实际上是已被作为存款存入银行的股东权益。

已动用资本回报率（Return On Capital Employed，ROCE）的重要性在于，它衡量的是所有资产产生的回报率，而不考虑这些资产是如何融来的。例如，如果一家公司以5%的利率购买新债务，然后将其投资于回报率仅有8%的资产上，那么它仍然将比要支付的额外利息产生更多的额外利润。这将通过差价（税后）让回报—股本比率受益。但8%的投资回报率较低，并且较高的长期负债权益比（gearing）① 会增加股东权益承担的风险。那么它真的是明智的吗？如果这种以5%的利率增加，然后以8%的利率投资的方式会稀释整体收益，这将在已动用资本回报率的分析中得到体现。

为了证明这一点，以一家拥有100个单位资本并赚取10个单位收益（即10%的已动用资本回报率）的公司为例。假设它以5%的利率进一步借了20个单位的资本，并且赚取了8%的收益率，那么，现在它的收益率将会通过已借资本乘以差额（8% – 5% = 3%）增加。这使其收益从原来的10个单位增长至10.6个单位。但这是在120个单位资本中实现的，所以已动用资本回报

---

① 长期负债权益比（gearing）：一种杠杆概念。英国一般使用"gearing"一词，而美国一般使用"leverage"一词，香港地区将其形象地翻译为"资本充足率"，公式为 gearing = long term debt ÷ equity，数值越大代表企业承担的风险越大。

率=10.6÷120=8.83%。

股本回报率

我得出的结论是，股本回报率（return on equity, ROE）就像来复枪（rifle）[①]，而已动用资本回报率就像散弹枪（scattergun）[②]。两者都是重要的分析工具，但股本回报率非常明确，因为它只专注于管理层在组合你的股本投资时有多好/多坏。这意味着为你工作的是普通股东，而不是银行经理、优先股股东、贷款债券持有者或少数权益股东。卓越的公司有能力为其股东年复一年地在账面价值上赚取更高的回报。

股本回报率从扣除所有优先债权（利息、税收、优先股股息、少数股东权益等）之后为股东赚取的交易剩余数值入手，然后除以资产负债表上的股本账面价值（在加回任何冲销或摊销的商誉或者既得的无形资产，并扣除重估价准备金等任何纯粹的会计项目后）。

通常情况下，取期初余额和期末余额的平均数而不是年底的价值，因此叫作平均股本回报率（Return on Average Equity, ROAE）。这是因为像年底的大型并购这样的事件会通过充分增加股本扭曲"价值的图形"，同时只对收益做出很小的贡献。如果收益的增长快于股本

---

① 来复枪（rifle）：也译为"线膛枪"。一种运动枪械，枪管内的膛线能使子弹产生旋转的力量，因此与滑膛枪相比，精确度较高、射程较远。

② 散弹枪（scattergun）：又称霰弹枪（shotgun）。一种以发射霰弹为主的滑膛枪械，近距离杀伤力极大，也适合射击飞快的目标，但精确度较差。

的增长，股本回报率就会扩大，反之亦然。表 4-1 中迪兰和凯瑟菲尔德公司的情况体现了这一点。

杜邦分析法

股本回报率是销售额—股本比率（sales-to-equity ratio）和收益率（earnings margin）这两个部分之积，在这一过程中，有大量的变量相互作用产生了这个单一的比率。这些变量是企业的价值驱动因素，而整个过程被称为杜邦分析法（DuPont Analysis）。图 4-2 是对这种分析法的具体描述。

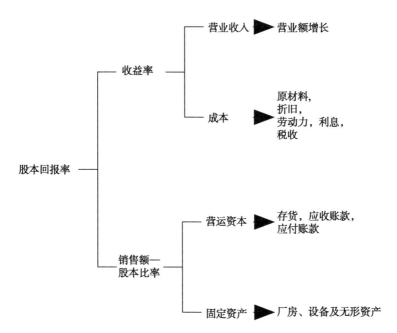

图 4-2　杜邦分析法：股本回报率，价值驱动因素树

收益率衡量的是公司及其管理层如何有效地将更高

的销售额转化为利润和收益。有句老话说："营业额为虚，利润为实。"（Turnover is vanity, profit is sanity.）高毛利的存在与一个明智的（与自负截然相反）管理层是一致的。通常，销售额增长与丰厚的毛利率之间会存在取舍，但最优秀的公司通常能够把两者结合起来。

提高收益率只有两种有效的方法：提高给定销售额水平下的营业利润，或者减少税收支出。提高营业利润率是管理层的职责。更多的毛利来自更激进的定价，更低廉地买入原材料和服务，以及更多产的劳动力和资本。更多的营业利润来自对日常管理费用的严格控制。减少税收支出可以是外在的，比如降低营业税的税率；或者是内在的，比如更好的资金管理和税务筹划。

销售额—股本比率衡量的是公司及其管理层如何有效地利用其所有者所投资的资本来产生更高的收入。一般而言，在任何给定的利润水平下，在资产中占用较少的资本会转化为较小的企业经营风险和较大的自由现金流。

图4-2中的树枝层次结构，对固定资本和营运资本项与收入进行了比较。它们可能受到公司特定或行业特定因素的影响。为了保持公司的生产能力，总会需要一些资本支出。也许还需要更多来拓展业务并推动总收入的增长。同样，只有少数企业能够在不需要额外营运资本去负担这一增长的情况下发展。

通过对不同比率的分析，可以判断营收利润和资本利润。我将在第八章针对这一点进行阐述，它涉及比率分析和关键绩效指标。

增量投资的回报

关于股本回报率如何展开的最新展示，来自计算公司最近一笔投资的边际回报。这是通过将收益增量的变化除以股本增量的增加来实现的。详见下面的公式，1和2指的是连续几年：

股本边际回报＝（收益2-收益1）÷
（年末股本2-年末股本1）

在边际回报上，我们要尝试去做的是：看看给企业增加更多资本会在回报上产生什么影响。有三种类型的回报：

（1）总回报（the total return）——所有资本投入在整个时间段内产生的回报，一种历史成绩单。

（2）平均回报（the average return）——总回报除以投入的资本。

（3）边际回报（the marginal return）——最新资本增量的增加带来的总回报的增量变化。

图4-3显示了三种回报类型之间的关系。它说明了经济学中一个非常普遍的特征，即"回报递减规律"（law of diminishing returns）。边际回报会持续增加至达到最大值，即大约6个单位的投入资本，随后开始下降。这个峰值被称为"边际回报递减点"（point of diminishing marginal return）。

关键点是，边际回报在平均回报之前达到峰值。当边际回报从峰值回落时，平均回报开始趋于平缓。只要

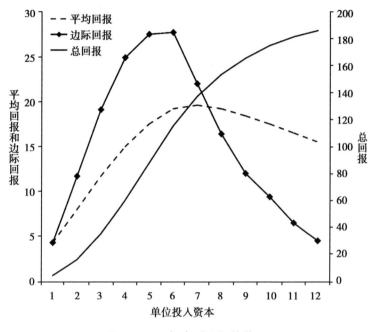

图 4-3   回报类型之间的关系

平均回报低于边际回报，平均回报就会继续上升。但一旦两者交叉，并且边际回报降到平均回报以下，后者（平均回报）也将开始下跌。它们交叉的地方被称为"平均回报递减点"（point of diminishing average return），在这个例子中，这个点位于第 7 和第 8 个单位的投入资本之间。

现在，分析增量回报率的重要性就显而易见了。边际回报在平均水平之前就会上升和下降，就像磁铁一样，会吸引平均水平上升或下降。因此，它们是未来上行和下行潜力的一个强有力的领先指标。要小心对待，它们能够成为即将面临的问题的早期预警信号。

这就是对精明投资者针对第三章所描述的能多洁集团的情况的警示。边际回报在错误的方向上急剧移动，这可能在利润预警前的 6 个多月就出现了。

当然，一年的边际回报并不一定是预测未来的必然方式。新的投资通常会产生超过一年的回报，并且可能需要一年多的时间才能达到顶峰。幸运的是，有一种方法可以通过计算在过去三年里额外投资的累积边际回报来实现这一点。这在分析中引入了一个平滑因子（smoothing factor），并可以给出一个更好的趋势表现，特别是在那些即时回报不稳定的企业中。

关于资本利润的讨论表明，关注资产负债表的管理方式与关注损益账户一样重要。如果使用得当，资本利润的概念可以帮助你避开那些为了增长而追求增长的公司所设置的陷阱。这也解释了为什么仅仅关注经济增长会导致分析的薄弱。

在第五章，我将讨论资本的增长和利润怎样能够被同等对待，以准确地确定一个企业创造了多少经济价值。

第五章

经济利润

如果资本回报较低，过分专注多少（即收益）便会破坏价值；反之，在较差的资本基础上获得高回报可能意味着错失良机。

——科普兰（Copeland）、科勒（Koller）与默林（Murrin）（麦肯锡公司，McKinsey & Co）：《价值评估》（*Valuation*）

教育是一个学习曲线（learning curve）。然而在与投资相关的领域，我的经验告诉我：学习曲线更像是一级一级向上跃升的阶梯，每一级都没有退路。就好像你通过一级一级阶梯的帮助来构造一个结构。每到达下一级的阶梯，你都会努力寻找能够一直爬得更高的方法。

在很长一段时间里，我都沉迷在一个特别的层级上，权衡取舍于增长和利润之间，以及如何把两者独立或组合起来，让它们每一个都能创造价值。解决方案得益于"经济利润"的概念。这是本章的主题。

经济利润的概念

经济利润（Economic Profit，EP）被定义为扣除所有成本后企业所赚取的利润。这些成本包含运营成本和财务成本，而且包括对股本的估算成本。100多年来，它一直是经济理论的一部分。

经济利润通过计算企业已动用资本的股本回报率和该资本的估算成本之间的比率的差额，然后将结果乘以投入企业中的资本的经济账面价值来获得。它代表了除商业成本（commercial cost）之外一家企业创造的价值总量，包括普通股东资金的机会成本。

从另一个角度看，这是一个管理团队能够吸引到企业的股本数量和管理团队能够在这个股本上产生的回报之间的相互作用。它需要三种投入，即增长、股本回报和股本成本。由于我执着于现金流而非会计收益，因此我还将增加第四种投入，即收益—自由现金的转换比率。

杰里米·尤顿给出了一个关于经济利润的绝妙比喻：罗马帝国的扩张（the expansion of the Roman Empire）。通过征服越来越多的新领土，增长得以实现，因此帝国的资产基础得到了横向扩展。但是，只有当基础设施到位，最大程度地使其繁荣，也就是说投资回报最大化时，这些领土才会被征服。通过这些基础设施，新领土向罗马支付了现金税。帝国越扩张、越繁荣，流向所有者的现金就越多。

如果领土被征服，并且帝国以牺牲战略纵深为代价扩大，那么大量的生产潜力就会丧失。另外，如果焦点完全集中在治理上，一旦只获得了少数领土，并且横向扩展停止了，那么潜在的多产的新领土就会被忽视。发展一个幅员辽阔而多产的帝国的艺术，是平衡增长和生产力。帝国如此，公司亦然。

计算经济利润

把增长和利润统一成一个衡量股东价值创造的单一指标，有六个必要的步骤，如下所列。表5-1给出了计算特殊化学品集团禾大国际（Croda International）① 经济利润的一个实例。

（1）计算任何财务时期内公司已动用资本的平均总

---

① 禾大国际（Croda International）：英国的一家特殊化学品集团公司，是世界上最大、最成功的专业化学品公司之一。1925年创立于约克郡，最初主要经营羊毛脂产品，现已发展成为遍布26个国家，为个人护理品、保健品、功能特品、聚合物添加剂等多个领域提供优质原料的跨国集团。

股本。由于营业利润的产生贯穿整年，平均总
股本就是所要用到的正确分母。"总"指的是
股东权益资金加上商誉冲销或摊销，减去重估
价准备金。

（2）计算同一时期的税后会计收益。

（3）以平均总股本回报的百分比来表示收益。

（4）从这个回报中减去使用企业权益资本的估算
"成本"。这就等于如果把资本投入拥有相同风
险等级的证券，投资者可能期望的是其资本在
下一个最佳选择用途上的回报。我一般把股本
设定为 8%，这就需要我把股本回报率的预设
回报率设为 10%，还有低于公司所得税 20% 的
税率标准（这是税后净额，因为你用来计算回
报的收益也是税后净额）。一个很好的类比是，
母公司就像一家银行之于其子行，提高了在资
本成本上产生利息的信贷额度。经济利润是运
营所得的每单位利润与通过使用信贷额度而产
生的每单位资本支出之间的差额。

（5）将结果乘以步骤 1 算出的企业平均总股本。

（6）应用现金转换因子，即计算公司转换成自由现
金的收益百分比。

这是在所有者获得了正常的资本回报之后，为他们
创造的超正常的价值。对有些稀有的企业来说，你可以
把经济利润作为一种年金的延伸。

经济利润与收益的不同之处在于，它是在扣除合理
的权益资本费用后计算出来的，是基于现金计算的。它
将直接揭露那些正在以增长摧毁价值的企业。它还将展

示出一些企业，这些企业的回报可能正在停止活跃增长，但更多股本的增加会产生一个越来越令人满意的总体结果。换句话说，企业为所有者创造了更多的经济利润和价值。

参考表 5-1 和禾大国际的经济利润计算。选择的时间段包括 2006 年 8 月对有利凯玛（Uniqema）① 的里程碑式并购，2008 年 9 月的大衰退，以及经过几年零星的股票回购之后，在 2010 年 11 月开始转向更为慷慨的股利政策的动作。

这是股利政策的一次"突变"（step change），它使平均股本回报率在 2010 年后激增，这主要是因为公司的股本基数伴随着向股东支付更多而锐减。在 2007 年出现的大部分负现金流，是由于为减少赤字而在养老金计划中支出的一笔特殊的 7000 万英镑额外费用形成的。

表 5-1　　2005—2014 年禾大国际经济利润和经济现金收益

（货币单位：百万英镑；另有说明除外）

至每年 12 月	2005	2006	2007	2008	2009	2010	2011	2012	2013	2014
销售额	305.6	518.9	804.8	956.4	916.2	1001.9	1028.0	1051.9	1077.0	1046.6
税前利润	50.6	54.3	60.8	98.4	106.4	192.3	237.5	238.5	251.4	235.4
收益	32.8	36.3	40.0	66.6	71.5	129.5	162.5	164.3	178.7	169.6
期初总股本	141.5	132.4	177.2	270.7	316.1	209.4	326.0	319.0	397.1	466.0
期末总股本	132.4	177.2	270.7	316.1	209.4	326.0	319.0	397.1	466.0	535.8
平均总股本	137.0	154.8	224.0	293.4	262.8	267.7	322.5	358.1	431.6	500.9
平均股本回报（%）	24.0	23.4	17.9	22.7	27.2	48.4	50.4	45.9	41.4	33.9
股本成本（%）	8.0	8.0	8.0	8.0	8.0	8.0	8.0	8.0	8.0	8.0

① 有利凯玛（Uniqema）：荷兰的一家跨国公司，世界领先的合成冷冻润滑油供应商。总部设在荷兰高达，业务范围遍及全球 90 多个国家。

续表

至每年12月	2005	2006	2007	2008	2009	2010	2011	2012	2013	2014
差额（平均股本回报-股本成本）(%)	16.0	15.4	9.9	14.7	19.2	40.4	42.4	37.9	33.4	25.9
经济利润（差额×平均股本）	21.9	23.8	22.2	43.1	50.5	108.2	136.7	135.7	144.2	129.7
自由现金流	36.4	17.3	(91.9)	6.0	111.0	83.1	104.4	85.9	143.6	109.4
现金流∶收益（%）	111.0	47.7	(229.8)	9.0	155.2	64.2	64.2	52.3	80.4	64.5
经济现金收益	24.3	11.3	(51.0)	3.9	78.4	69.4	87.8	70.9	115.9	83.7

表 5-1 显示了管理层在 10 年里如何显著地将经济利润提高了近 6 倍。尽管这家企业的经济现金收益同期仅增长了约 3.5 倍，但它仍是一次令人钦佩的股东价值创造。此一时期禾大国际的股价表现反映了这一点，如图 5-1 所示。

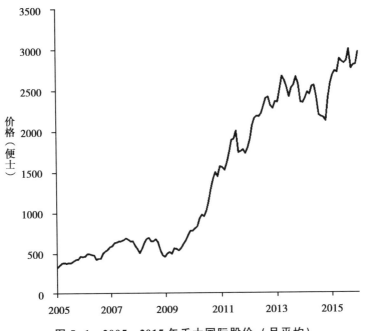

图 5-1 2005—2015 年禾大国际股价（月平均）

增长并延续经济利润

最好的企业是那些能够在很长时间内实现经济利润增长的企业。认识到这一点，考虑以下四种方法很有帮助，通过这些方法，经济利润能够在任何一家企业中获取并扩张。

（1）**提高现有资本基础的回报率**。这意味着更高的营业利润是在没有给企业捆绑任何资金的情况下产生的，可以通过产品、定价、人员、客户或市场来实现。

（2）**投资于回报超过资本成本的项目**。额外的资本投入新项目，这些项目的回报高于获得新资本的成本。优秀的管理者知道该在什么时候终结高回报项目的股票；然后他们开始将剩余资本返还给所有者。糟糕的管理者则继续把资本投入低质量的项目，即使他们可能对赚回资本成本既不抱希望也没有前景。

（3）**剔除表现不佳的资产**。资本从已赚得不充足回报的低迷经营中清算，或远期投资受到这一低迷经营的限制。优秀的管理者将会泰然处之，因为他们知道投资者很可能已经削价出售了终止或处置的会计成本，并将关注未来现金流可能会出现的改善。

（4）**采用一种更节税的资本结构**。通过把股本换成节税债务来降低资本成本。

　　无论一家企业的经济状况和管理有多好，经济利润都不太可能无限期地持续增长。在投资者可以期望管理层通过内生性增长或外部并购来启动新的、增值的项目上，都有一个有限的时间周期。

　　随着时间的推移，经济利润通常会下降的，究其原因，要么是被现有参与者产生的回报规模所吸引，新的竞争者进入市场；要么是出现了重新配置产品定位的替代产品。想想在亨利·福特（Henry Ford）[①] 成立汽车公司之后，马车市场将会发生的永久性变化；或者胡佛（Hoover）[②] 一连几代作为真空吸尘器领域占主导地位的知名品牌，直至詹姆斯·戴森（James Dyson）[③] 的出现。

　　经济利润更有可能在那些被巧妙管理的简单企业中得以延续，而不是那些依赖于技术优势的企业。依赖于技术优势的企业，更容易被一个对资本即时回报满不在乎的特立独行的竞争对手所侵蚀。

市场增加值

　　市场增加值与经济利润密切相关。在确定一个企业创造了什么真正的价值，这个价值值多少钱，以及它如何被

[①]　亨利·福特（Henry Ford）：福特汽车公司创始人，一位极有远见的企业家，也是世界上第一位将装配线概念实际应用的巨大成功者。

[②]　胡佛（Hoover）：TTI 公司（全称 Tetra Technologies，Inc.）旗下产品。诞生于 1907 年，经过 100 多年的发展，成为高端室内清洁机具的第一品牌。

[③]　詹姆斯·戴森（James Dyson）：工业设计师、发明家，英国最大、知名度最高的吸尘器和风扇公司——戴森公司的创始人兼工程师，被英国媒体誉为"英国设计之王"。他设计的无尘袋吸尘器，开创了吸尘器的新纪元。

股票市场定价这几个方面，这两个概念是密切关联的。

衡量标准是投资者增加到公司的总市场增加值在公司资产净值之上。也就是说，股本的市场价值减去从第一天开始投入企业的所有股份资本（share capital）。它所代表的是市场对于所有经济利润的预期现值。所有经济利润是指那些通过参与成功项目在未来将增加到企业中的利润。"收益"是"市场总值"，"经济利润"是"市场增加值"（Market Value-Added，MVA）。关键的差异在于，经济利润/市场增加值（EP/MVA）消除了资本和资本成本，只专注于超额价值创造。

如果股票市场相信企业能够在未来的项目流中获得更高的回报率，那么它只会在企业的资产净值之上为其定价。假设投入企业的权益资本可以转化为现金，而这笔现金可以赚取无风险的存款回报率——假设在正常情况下为5%。如果该公司在这笔资本上实际赚得了20%的收益回报，那么你可能就要准备好以近4倍其资产净值的价格来参与一个年金为5%的项目。

例如，如果你在市场上为账面价值1英镑的资本支付了3.5英镑，那么你的回报率将是5.7%（1英镑的20%÷3.5英镑）。如果你支付了2.5英镑，那么这个回报率将会上升到8%（1英镑的20%÷2.5英镑）。你准备为参与收益流支付的价格和投入得到的资本原始账面价值之间的差额就是市场增加值。在后一个例子中，市场增加值为1.5英镑（2.5英镑-1英镑）。

那些有能力比资本成本赚得多的企业，会产生积极的经济利润，并将溢价纳入他们的市场价值当中。获得高回报的通常是那些提供差异化或利基产品（niche products）① 和服务的公司，当然还有那些高效运作的公司。通常，企业成本结构的配置及其建立的方式，是其创造经济利润能力的重要决定因素，也是其扩大规模的潜力。微软、谷歌和苹果等企业创造了巨大的经济利润，是因为它们拥有独特的配置和国际可扩展性。

那些达不到投资者要求回报率的企业会产生消极的经济利润，他们认为股票市场会低估自己所使用的资本的价值。它们通常见于商品类产品和服务。回报率往往无法触及资本成本，因为竞争的进入相对容易并且对抗激烈，会使利润处于压力之下。

发现价值异常现象

经济利润是一个非常有价值的工具，可以用来发现公司估值中的异常现象。因为它由两部分组成——投入资本量和资本回报率，你可以为确定价值单独或同时考虑这两个变量。

利洁时集团

就拿利洁时（Reckitt Benckiser）② 这样一家公司来

---

① 利基产品（niche products）：指产品表现出来的许多独特利益有别于其他产品，同时也能得到消费者的认同。每一种产品被消费者接受都有它的利益所在，其表现出来也是多方面的。

② 利洁时（Reckitt Benckiser）：全球著名的快速消费品供应商，产品涉及健康、卫生和家居护理等领域。1823 年成立，总部位于伦敦，在伦敦证券交易所的上市公司中排名前 25 位。

说，该公司过去在已动用资本上获得的回报相对平淡，但新管理层进入之后，现在建议并购一家具有强劲增长潜力和高回报的企业（更妙的是，即将入驻的企业利用很少资本来扩大价值）。这个事情发生在巴特·白克（Bart Becht）1999 年 12 月加入利洁时和科尔曼公司（Reckitt & Colman）的时候，他并购了美洁时公司（Benckiser NV）①，那是一家与利洁时经营领域类似的企业，但运营表现非常出色。

具备对固定或营运资本仅有少量需求的企业，所有者价值能够很快地增加。聪明的管理层可能会利用债务来兼并即将入驻的企业，并随着时间的推移消耗掉成本；也就是说，他们使用经营性现金流来偿还所借的资金。

巴特·白克很快就给利洁时集团增加了巨大的经济利润。在成为首席执行官后的那年，公司公布的销售额为31.33 亿英镑，税前利润为 4.47 亿英镑，收益为 3.14 亿英镑。到 2005 年，这些指标分别增长到了 41.79 亿英镑、8.76 亿英镑和 6.69 亿英镑。在 2010 年，也就是他退休的前一年，销售额达到了 84.53 亿英镑，利润达到了 22.31 亿英镑，收益达到了 16.61 亿英镑。用与表 5-1 中对禾大国际相同的计算方法，平均股本回报率从 17.5% 上升到27.0%，再到31.4%。反过来，这意味着该时期的经济利润增长了 7 倍以上，从 1.71 亿英镑增长到了 12.37 亿英镑。

因此，利洁时集团这一时期在"富时 100 指数"成分股公司中排名第四也就不足为奇了。图 5-2 捕捉到了

---

① 美洁时公司（Benckiser NV）：德国的一家快速消费品公司。1999年，该公司与利洁时和科尔曼公司（Reckitt & Colman）合并，更名为利洁时公司，也就是现在的利洁时集团。

其激动人心的股价表现。

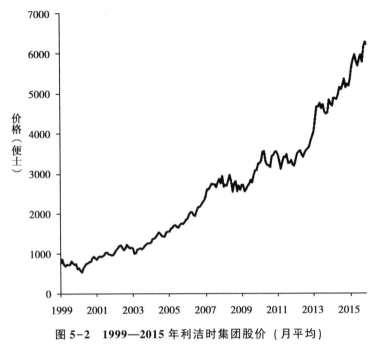

图 5-2 1999—2015 年利洁时集团股价（月平均）

赛捷集团

投资者常常认为，股市一直都是正确的，而且获取利润的机会是有限的。没有什么比这更能说明真相了，正如下面疯狂的人群的例子所显示的那样。

在互联网泡沫接近尾声时，赛捷集团（Sage Group）①

---

① 赛捷集团（Sage Group）：全球第三大企业资源规划软件供应商。成立于 1981 年，总部位于英国泰恩河畔的纽卡斯尔。1989 年在伦敦股票交易所上市，是"富时 100 指数"成分股公司。集团提供 ERP 系统、CRM 系统、HCM 系统、BI 系统、项目管理系统等软件解决方案，在全球拥有 700 万家企业用户。

软件业务的股票市值超过了其净资产，这就是市场增加值，仅在一年之内就增加了22亿英镑（1999年）。反映到这一令人难以置信的货币预支中的经济利润的起点，是前一年750万英镑的增长，收益率仅为0.3%。增量的经济现金收益还不那么稳定——从公布的收益中看到，只有500万英镑凭借67%的转化率转化成了现金。为了达到这一目标，即经济利润收益率变成一个合理的5%的经济利润/市场增加值的收益率，收益成本的净值必须达到1.1亿英镑，几乎是初始水平的15倍。

　　简单的经济利润分析会告诉你：这是一个在地狱里做出的投资提议，严格来说是疯狂的。如果你是一个明智的投资者，那0.3%的经济利润/市场增加值将陷入一个令人印象深刻并且痛苦的结局（见图5-3）。难怪巴菲特在谈到互联网泡沫时，曾在2000年5月断言："毫无疑问，在过去的一年里，使股东无知货币化的能力从

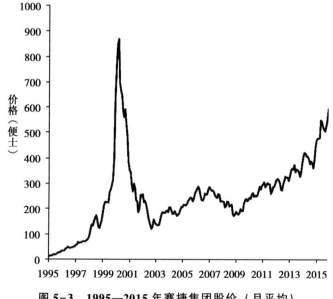

图5-3　1995—2015年赛捷集团股价（月平均）

未被超越。"（There is no question in the last year, the ability to monetise shareholder ignorance has ever been exceeded.）

核心的要点是，掌握经济利润及其与市场增加值的关系，可以让你不把资本分配到那些既没有希望也没有前景给你的资本带来可观回报的投资上。

在讨论经济现金收益的计算时，我已经谈到观察在现金流中反映出来的收益的重要性。第六章将致力于解释为什么把高水平的收益转化为自由现金不仅是可取的，也是公司分析的重要组成部分。

第六章

现金为王

当一个企业的报表利润不产生现金时，会令我们疑窦顿生。

——阿诺德·温斯托克勋爵
（Lord Arnold Weinstock）

如果这本书有一章——而且只有一章，投资者应该阅读、理解并牢记，那就是这一章——"现金为王"。在这一章里，我着眼于影响现金创造的各种因素，以及现金流与公司有可能报告的利润情况有怎样明显的差异。学习了这些经验，你将最大程度地避免误入歧途。

1974 年 10 月，《华尔街日报》（*Wall Street Journal*）发表了一段评论，概括了对把每股收益增长看作股价上涨关键决定因素的盲目信任这一事实。今天的情况仿佛昨日重现：

> 显然，许多高管认为，如果他们能够琢磨出一种提高报表收益的方法，那么，即使更高的收益并不能代表任何潜在根本的经济变化，他们的股价也会上涨。换句话说，高管们认为自己是聪明的，而市场是愚蠢的。但实际上聪明的是市场，愚蠢的似乎是那些沉迷于每股收益魅力的企业高管。

收益，收益，收益

尽管有充分的证据显示真实情况并非高管们认为的那样，但这种盲目信任依然存在。管理层认为收益驱动股价的观点并没有什么根本性的错误。当本杰明·格雷厄姆在他的《证券分析》（*Security Analysis*）中论及"短期内，市场是台投票机；长期内，市场是台称重机"（the market being a short-term voting machine and a long-term weighing machine）时，这里衡量的实际上就是收益。然而，一旦当每股收益增长的诱人魅力引发操纵行为，或者虚构的收益无法反映在现金上时，问题就会接踵而至。

收益作为估值工具的理论依据是，随着时间的推移，收益将转化为现金。约翰·伯尔·威廉姆斯（John Burr Williams）① 在他的《投资价值理论》（*The Theory of Investment Value*）一书中率先提出了这种主张：预期的未来现金流的净现值决定了一项投资内在的价值。

承诺一项投资，就意味着投资者放弃了一种稀缺的资源——现金。作为回报，他期望未来现金以能够变现的股利和（或）资本增值的形式返还。任何一项投资的价值都在于，投资者可以预期的未来现金流能够折现为一个较低的净现值，其前提是笃信这样一个事实，即今天投资的现金比明天能够得到的现金更值钱。正如巴菲特所说："现在投入现金，以后会得到更多。"

实际操作中的困扰在于，收益并不总是能产生预期的现金。而唯一能够计算的收益，是那些现在或未来反映在现金上的收益。收益及其增长率，在一定程度上取决于财务总监办公室所做出的决策。在最终敲定损益表时，管理层有一定程度的自由，可以将所考虑的内容框定一个范围，然后由审计人员签字，从而为收益及其增长率戴上一圈体面的光环。难的是，由一个骗子控制的

---

① 约翰·伯尔·威廉姆斯（John Burr Williams）：数学家、金融专家，投资价值理论的奠基人之一。1938 年出版《投资价值理论》（*The Theory of Investment Value*）一书，首次完整提出了公司价值等于公司证券持有者未来年份得到的分红和利息的现值的投资价值理论，这一理论给出了衡量公司价值的严谨的计算方法，构成了成长投资理论的基石。

收益松软如油灰（putty）。

虽然收益问题通常见仁见智，但现金是无可争辩的事实。尽你所能，你也不可能在很长一段时间内，在不采取欺诈行为的情况下捏造现金头寸。这使现金成为理想的估值工具。但它给投资者带来了一个小问题，因为预测现金走势比预测收益走势要困难得多，因为收益走势相对更容易被平滑（smoothed）[①]。这就是为什么分析师们被诱惑去寻找一种快捷的方法的原因之一，而收益恰好提供了这种方法。

现金流：财务分析的黄金标准

当你购买一辆车、一些新衣服，夜间出去消遣或外出度假，你会用现金支付。这些现金来自你的收入（或收益）。然而，你并不能拿你的收益本身去直接消费。你把现金和收益这两个概念等同起来的唯一原因，是你习惯以现金的形式接受你工资单上显示的你赚到的收入。事实上，任你自由支配用以消费的现金，并不等同于你的收益。

那么，去上班的交通费，食物的花费，取暖、采光和用水，房产税，以及维持你的家庭处于正常状态的必要开销呢？所有这些，甚至更多的支出，对你的收益都提出了未雨绸缪的需求，并会减少你的可支配收入（后

---

① 平滑（smoothed）：此处指平滑收益（earnings smoothing），指管理层为隐瞒公司实际业绩表现而利用应计项目等会计方式进行调整而得到的一种收益，即有意压低生意兴旺年度的报表利润并将其转移到亏损年度，使公司财务报表反映出持续稳定的盈利趋势。

者是自由现金的很好体现)。

在企业经营领域，也有很多相似之处。在 1998 年伯克希尔·哈撒韦公司的股东周年大会上，巴菲特再次谈到了现金的话题：

> 如果我们能够非常准确地看到每一家企业的未来，那么，无论企业的钱是来自管理有轨电车还是来自销售软件，对我们来说都不会有任何差别。因为产生的所有现金，也就是我们从现在一直到世界末日 (Judgement Day) 衡量的所有现金，对我们来说都是一样的……一旦它变得可分配，所有的现金都是一样的。

那么，收益和现金流有什么显著的不同呢？

会计的配比原则决定了交易产生的总收入，必须与在给消费者生产和交付商品或服务时产生的所有支出持平。

对于可以直接等同于相关交易，如原材料或劳动力的支出来说，这一原则是起作用的。但是，对于那些在把企业作为一个整体进行运营时所产生的间接支出（如固定的日常开支）来说呢？对于制造间接费用或折旧的补偿来说呢？对于研发支出的分配来说呢？这就是权责发生制原则（accrual principle）①，对在经济效益是来自

————————

① 权责发生制原则（accrual principle）：也称 accrual concept of accounting，是指以取得收到现金的权利或支付现金的责任权责的发生为标志来确认本期收入和费用及债权和债务。即收入按现金收入及未来现金收入——债权的发生来确认，费用按现金支出及未来现金支出——债务的发生来确认，而不是以现金的收入与支付来确认收入费用。

已经发生的花费期间的分摊成本起作用的地方。

现在，让我们来看看有关对公司现金流未雨绸缪要求的五个主要警示。

1. 营运资本

公司需要营运资本。营运资本由短期形式的资产组成，如存货和在制品、应收账款和应付账款。公式是：

净营运资本＝存货＋应收账款－应付账款

投入要素，比如原材料和消费品，转化为制成品和服务出售。存货和在制品代表了在一个给定的会计期间，通过向投入要素增加价值所产生的成本。这些成本被结转到下期，因为商品还未售出，因此成本还不能与收入持平。

借方（也称作应收账款）代表了对一家企业客户的授信——换句话说，欠公司的钱还未收回。权责发生制要求公司的收入和成本要结合起来。商品和服务已交付并开具发票，但尚未付款，这在营业额中是可以得到承认的，未偿贷款最初作为流动资产下的应收账款计入资产负债表。只有当客户付清款项时，这笔账才能从借方分类账中调出来，并计入现金余额当中。在客户付款之前，利润已被承认，但现金尚未收到。

只要库存能卖出去，应收账款就能收回，我们在这里所要处理的就是一个时间性差异（timing difference）①。当产品面临淘汰，未售出的存货被束之高阁，或者顾客

---

① 时间性差异（timing difference）：指在一个会计期间产生，而在以后的一个或多个期间转回的应税利润与会计利润之间的差额。

无法偿还债务时，问题就出现了。接下来，把这些存货和应收账款转换为现金就变得十分困难，通常需要减记（write-downs）或销账（write-offs）。在这个过程中，现金就被牺牲掉了。

公司有时会冒险通过向客户提供更优惠的贸易条件来实现增长，例如给予客户一个更长的付款时间。这种现象的警示信号是：营运资本—销售额比率（换句话说，即每1英镑的营收支持着多少营运资本）出现了非偶然的增长，以及应收账款的（账龄）天数的延长。

贷方和权责发生额（也称作应付账款）代表了公司收到的贷款。也就是说，公司为了经济效益所欠的款项已经形成，但是尚未偿还。它们在未来现金流中拥有优先的清偿顺序。类似地，递延收入（deferred income）[①]是已经收到或到期，但还没有通过供应匹配的商品或服务挣得的钱，比如维修合同收入或订金收入。

随着时间的推移，对投资额外营运资本的要求应该是能够反映出增长，而且这一增长还应该与营业额的增长大体一致。然而，情况并非总是如此。专注于将现金转为营运资本，是导致公司利润在报告内容与用现金产生的价值之间出现分歧的最频繁原因。

2. 资本支出与折旧

一家公司应该购买一台预计在必须更换之前能够生

---

① 递延收入（deferred income）：指尚待确认的收入或收益，也可以说是暂时未确认的收益。它是权责发生制在收益确认上的运用，相当于预收账款。递延收入项目包括预收的出租包装物租金、预收的出租房屋、出租设备等。

产 10 年商品的设备。因此，对公司来说，这台设备的经济成本就包含在了 10 年的生产当中。显然，这台设备的资本成本应该分摊在 10 年当中，而不仅仅是在它被买来的那一年。这是通过每年计入一个折旧备抵（depreciation provision）来完成的。

这里的问题是，管理层在决定一些事项上拥有一定的余地，这些事项包括折旧是如何记录的，以及在设备使用寿命结束后对资本资产拥有的剩余价值的估计。这些决定会对报表利润产生影响。

有几种计提折旧的方法，更常见的是：

（1）直线法（straight-line）——常用方法。在这里，费用是平均分摊到经济使用期之中的。如果设备花了 10 万英镑，预期寿命 10 年，预计剩余价值 2 万英镑，那么年度折旧费用冲抵（charged against）收入为：

（10 万英镑 – 2 万英镑）÷10 = 8000 英镑/年

（2）余额递减折旧法（declining or reducing balance）——这是通常用来确定税负的方法。这里的年度费用代表了剩余净账面价值的固定百分比（也就是原始成本减去总折旧）。在我们的例子中，10 年后将设备的账面价值降低到 2 万英镑所需的折旧率是 14.866%。在这种情况下，年度折旧费用从第一年的 14866 英镑开始，下降到了第十年的 3492 英镑。

（3）年数总和法（sum of the years' digits）——这是一种有时用于租赁活动的方法，这些活动在前几年拥有大量的资本支出。在这里，成本减去剩余价值除以年数总和，从而得出一个折旧单位。第一年承担的是 10 个单位，第二年是 9 个单位，以此类推，直到第十年的 1 个单位。在我们的例子中，1 个折旧单位是 8 万英镑÷（1 到 10 的总和）＝ 8 万英镑÷55 ＝ 1455 英镑。年度费用从第一年的 14550 英镑开始，下降到了第十年的 1455 英镑。

由于折旧是冲抵利润的，因此优先采用方法（1）而非方法（2）或（3），将使前几年的报表利润更高。然而，要考虑的关键一点是，采用这种方法对现金流量没有影响，因为资金在第一年流出，并被作为固定资产购买记入第一年的现金流量表。在第二年到第十年的时间里没有额外的资金被用于折旧备抵。我们很快就可以看到，利润记录与现金记录的分歧越来越大。

这台设备可能在某种情况下，以不同于其账面净值的价格售出。如果它以高于账面净值的价格售出，损益账户将被计提过多的折旧费用，并且必须记入一个平衡增益；如果它以低于账面净值的价格售出，那么就会有一个平衡损耗被记入。但是，现金流量表可以通过只记入设备作为固定资产出售且被售出当年获得的现金收入，来避免这种情况发生。

3. 资本化支出

资本化支出可能是在建资产，如新建筑物；或者在未来几年预计将会产生经济效益的研发支出，如软件开发或将一种新药推向市场。

就前者而言，一旦建设项目完成，在建资产将被转移到有形固定资产上。而就后者而言，将会有更多的回旋余地：管理层可以选择冲抵已发生的研发费用（最精明的方式），或者可以将其资本化，随后在经济效益预计将会上升期间将其摊销，只要研发证明是富有成效的就足够了。但是，如果效益没有像预期那样产生，或者出现与性能相关的问题怎么办呢？现金已经花出去了。

正是花在（和后期要冲抵的投资于开发的支出）RB211 航空发动机上的钱，导致罗尔斯－罗伊斯（Rolls-Royce）[①] 破产，不得不在 1971 年被政府接管。

4. 并购

当一家公司被另一家公司并购时，所购买的资产将会拥有一个账面净值，但是并购方可以在合并时修改它。可以做出调整以匹配会计政策，或减低资产的账面价值，以反映并购方认可的可变现价值（realisable value）。还可以通过设立准备金来覆盖合并和重组的成本。这些项目被统称为公允价值调整，它们是"粉饰"会计的丰富来源。

减低固定资产的账面价值，会在既得资产（acquired assets）的剩余寿命周期内，使折旧费用纳入损益表中。存货也许后来能以一个比减记价值更高的价格售出，因此可能不需要为呆账做拨备。在每项并购中，并购后的利润都会被夸大。然而，现金流是无法改变的，因为钱在第一天就会作为对既得资产的对价流出。

---

① 罗尔斯－罗伊斯（Rolls-Royce）：英国著名的航空发动机公司，也是欧洲最大的航空发动机企业，其研制的各种航空发动机广为世界民用和军用飞机采用。

　　发生的情况是，资产负债表受到了期初的冲击，但随之而来的利润却被夸大了。然后，当它们以留存收益的形式出现时，便会重建资产负债表。随着新的存货以当前价格买入，以及新的应收账款以全部价值取代并购中减记的价值，资产似乎出现了增长。在这两种情况下，营运资本都在增长。

　　同样地，合并和重组的准备金是一种使这些成本在损益表中表现为特殊项目的技巧，应将其视为非经常项目，将其排除在调整后的利润之外。但是，像补偿款这样的项目，通常将其视为公司的现金成本，以这样的处理方式来对待。排除这些因素，意味着调整后的利润对公司的真实现金表现进行了过于乐观的评估。我一直认为，合并成本是并购型公司真实花费的重要部分，因此它不应该被掩盖。

　　一家公司在并购另一家公司时所支付的超出账面净值的部分，被称为（会计）商誉。在 1998 年之前，商誉是立即冲销准备金的。从那时起直到 21 世纪前十年中期国际财务报告准则（International Financial Reporting Standards，IFRS）① 的实施，商誉可以通过损益表转为资本或最长 20 年的摊销。如今，它仍然作为一种无形资产

---

① 国际财务报告准则（International Financial Reporting Standards，IFRS）：指国际会计准则理事会（International Accounting Standards Board，IASB）制定的《财务报表编制与列报框架》及其他准则、解释公告。许多现行 IFRS 体系中的准则以其旧称"国际会计准则"（International Accounting Standards，IAS）而广为人知。IAS 由国际会计准则委员会（International Accounting Standards Committee，IASC）在 1973—2001 年颁布。2001 年 4 月，新成立的 IASB 决定保留并继续修订此前颁布的 IAS，以后新制定颁布的准则则统称为 IFRS。

保留在账目上，除非减值测试表明它的价值在下降，在这种情况下会被作冲销处理。

这意味着，实际上在国际财务报告准则实施之前，被其他企业频繁并购的公司，其资产将会拥有一个账面价值，并且因此净股本通过商誉冲销到准备金或摊销而被人为地降低。这就是为什么在分析一家公司的账目时，我总是在股东权益上加回商誉冲销或摊销的原因。出于同样的原因，我扣减了重估价准备金，重估价准备金通过从成本中对趋向上升的土地和建筑重新估价将权益抬高至市场价值。

与固定资产出售的折旧及损益一样，摊销被加回营业利润当中，以使其与营运现金流一致。但与折旧不同，商誉摊销并不是并购方的经济成本。在任意的 20 年或不论多少年结束时，并购都不必被重置（虽然所获得的有形资产很可能会在这个过程中被重置）。事实上，如果特许经营运用得当，经济商誉（与会计商誉截然相反）应该会随着时间的推移而逐渐建立起来。

至于对剩余固定资产出售进行类似的调整，是为了进行业务处理，这可能会导致账面价值的增加或减少。现金流量表记录的是由于转让部分投资而收到的现金，任何损益都将从利润中移除。

5．利息和税

会计账期内的应收账款或应付账款利息，是在损益表中显示的。这个数字并没有记录实际收到或支付的款项——实际收到或支付的款项，是在现金流量表中体现的。同样，会计账期内应计的税收支出是在损益表中显示的，而实际支付的款项会在现金流量表中出现。

在征收方面，除了简单的时间性差异，三种最常见的造成差异的原因是：

(1) **支付银行的贷款安排费**。这些费用是在初始阶段支付的，但通常会在新贷款的条款上摊销。因此，损益表每年只计提一部分费用，而全部的费用在第一年就会体现为现金流出。

(2) **固定福利的养老金计划**。由于新的会计准则随国际财务报告准则的出台，计划的盈余和赤字必须在资产负债表上体现出来。损益表是用计划资产的预期回报减去负债的估算利息费用来借记或贷记的。这纯粹是一个会计项目。公司真正的现金成本是该计划正常的雇主供款加上任何追加的贷款费用，以减少计划的资金不足。这些主要通过现金流量表体现。

(3) **递延税项**。这是一种准备金，由英国税务海关总署准许的免税额抵扣资本支出产生的公司所得税而来。它是一家公司在应纳税营业利润方面实际上易于支付的款项与本应该支付的款项之间的差异，其前提是资本免税额等于年度折旧费。只要公司没有大幅削减资本支出，其负债责任（liability）① 就不太可能明确。它是一种准备金，而不是总现税款，对现金流没有

---

① 负债责任（liability）：指通过权责发生会计制度估计的合法债务或负债责任，是资产负债表的一个项目，在一年内偿还的属于流动负债，而距离到期日还有一年以上的属于长期负债。

影响。

以上五个警示证明，有许多充分的理由给予现金流量表一定的关注，这种关注如果不比关注损益账户多，那至少也应该一样。

现金流的各种衡量标准

投资银行家和分析师们谈论了许多关于现金流的废话。例如，试图以其产生的总现金流量来评估一家公司，这是非常愚蠢的。这里要讨论的衡量标准，叫作息税折旧及摊销前利润指标（未计利息、税项、折旧及摊销前的利润）。如果公司所欠的废旧生产性资产没有被取消抵押品回赎权，并且折旧是其真正的经济成本，那么就必须支付利息和税金——这是针对废旧生产性资产的重置准备金。

任何严重依赖生产性固定资产的企业，总是伴随着向他们投资现金的需求，以保持在单位产品销售额方面的竞争力。因此，依赖一个在需求提出之前仅仅为了维持经营而规定的数额是毫无意义的。

同样地，企业更倾向于将经营性现金流作为一个关键绩效指标展示，特别是在与营业利润相比较时。经营性现金流是营业利润加上非现金交易项目，比如折旧和摊销，再加上或减去营运资本变动。然而，这并不是特别严谨。在将折旧加回到利润时，资本支出这一折旧的现金流"搭档"并没有产生对应的、对称的费用。这在我看来是不合理的。

在我看来，事实上也是大多数不另有所图，或者不用有利的投资案例去包装的认真严谨的评论者的看法，就是使用自由现金流。其定义如下：

$$自由现金流 = 经营性现金流 \pm 利息收入$$
$$或支出 - 现金税负 - 净资本支出$$

与自然损益衡量相比较的是归属股东的收益，即税后利润、少数股东权益和优先股股息支付。

当然，资本支出可以采取两种形式之一。维护性资本支出是重置废旧固定资产的必要支出，这一支出必须持续，以保持现有业务平稳运行。扩张性资本支出通常用以满足为支持未来收入、收益和现金流增长而进行的自由裁量性投资（discretionary investment）。

两者之间没有硬性界限，而且我个人也不认同这样的观点，即大多数扩张性资本支出是可自由支配（自由裁量）的。通常情况下，我认为几乎所有的资本支出都是为了维持公司的竞争地位。我承认这其中可能会存在例外，诸如威瑟斯本（JD Wetherspoon）[1] 开设新酒吧，或高空作业平台集团（Lavendon Group）[2] 投资附加的出租业务等。而后，折旧费用可能就是企业维护性资本支出需求的一个很好的近似值。在这种情况下，现金流量指标最好称之为现金收益，以便与自由现金流做出区分。

---

① 威瑟斯本（JD Wetherspoon）：英国顶级连锁酒吧，创始人为蒂姆·马丁（Tim Martin）。

② 高空作业平台集团（Lavendon Group）：英国的一家高空作业平台生产企业，也从事相关设备的租赁业务。

有收益但无现金：Finelist 集团的消亡

我在第一章中提到过许多 20 世纪 80 年代小型企业集团的命运，它们将通过并购来捏造的虚假收益增长升华成了一种艺术形式。它们的命运印证了一句老话："没有一家能赚到大量现金的公司会破产。但这话可不是说给那些能够创造大量利润的公司听的。"（No company generating plenty of cash ever goes bust, which cannot be said for companies generating plenty of profit.） 1998年，我将自己 10 年前学到的知识应用在了一个并购会计的新近案例当中。这里要讨论的公司是 Finelist 集团，它与能多洁集团一样，预测是非常清晰的。

背景

Finelist 集团成立于 1991 年，3 年后便成功登陆伦敦股票市场实现了它的上市梦。此后，集团开始对英国汽车零部件售后市场进行了猛烈的整合。这导致了过剩的并购，而且随着新的子公司被消化，营业额和利润出现急速膨胀。1996—1998 年，早已狂热的并购活动已经无法停下脚步。

在并购的推进下，Finelist 集团的整体营业额增长异常惊人，1993—1998 年，每年复合增长率高达 89%。在此期间，集团每股收益的年复合增长率也达到了 61%，从而凸显了其作为一只成长型股票的共识。

然而，当与现金流相比时，这个收益表现却回避了

一些严肃的问题。在 6 年中的 5 年时间里，经营性现金
流已经大大低于营业利润。与 4540 万英镑的总报表收益
相比，Finelist 集团只产生了 1230 万英镑的自由现金，
这意味着在这段时期的强劲增长中，平均现金比利润比
例的30%还要低。这些自由现金仅够覆盖1180万英镑
的股利支出，这意味着并购融资要么筹集新股本，要么
向银行借款。现金流和债务统计如表 6-1 所示。

表 6-1　　　1993—1998 年 Finelist 集团现金创造与债务

（货币单位：百万英镑）

至每年 6 月	1993	1994	1995	1996	1997	1998
（a）经营性现金流：						
营业利润	1.2	2.6	7.9	9.2	20.6	35.4
折旧	0.1	0.3	1.0	0.9	2.4	4.8
其他调整	—	(0.1)	0.6	(0.2)	(0.2)	1.6
总现金流	1.3	2.8	9.5	9.9	22.8	41.8
实付利息	(0.3)	(0.4)	(0.7)	(0.7)	(2.1)	(5.5)
现金税负支出	(0.3)	(0.3)	(0.8)	(2.0)	(4.2)	(4.4)
净现金流	0.7	2.1	8.0	7.2	16.5	31.9
（b）投资性现金流：						
营运资本	(0.5)	(1.5)	(1.1)	(4.7)	(13.6)	(20.0)
资本支出	(0.2)	(0.4)	(1.2)	(2.4)	(4.6)	(9.0)
固定资产盘盈	0.2	0.1	0.5	0.9	0.8	2.6
自由现金流	0.2	0.3	6.2	1.0	(0.9)	5.5
并购	(0.4)	(0.4)	(21.6)	(3.9)	(97.3)	(108.4)
后期扩充现金流	(0.2)	(0.1)	(15.4)	(2.9)	(98.2)	(102.9)
报告收益	0.4	1.4	4.8	5.8	13.3	19.7
自由现金流：收益（%）	*52*	*22*	*127*	*18*	*−7*	*28*
（c）财务现金流：						
股利	—	—	(0.9)	(1.8)	(2.6)	(6.5)
新发行股本	—	3.3	12.4	—	77.2	0.3
期末净现金（债务）	(1.8)	1.2	(4.4)	(9.1)	(37.7)	(156.9)

分析

管理层讨论是否有必要在投资不足的并购的子公司中投入固定和营运资本。或许确实应该如此，但它仍然构成了对股东现金的需求。此外，在吸纳一项并购时，Finelist集团总是在把并购的子公司整合到自己的资产负债表之前，对目标资产和负债进行公允价值调整。

即将合并之前，已经有一些非常大的动作在资产负债表中进行。例如，1997年，有超过980万英镑的公允价值调整，被并购资产的账面价值减少了近30%。资产减值或负债拨备增加了与并购相关的商誉要素，当然，这也压低了股东的资金。

较高的营运资本要求，是Finelist集团经营性现金流短缺的主要原因；而较少的原材料，是有关企业经营性现金流的一个较低的折旧费用。在这6个极度活跃的年份里，额外的营运资本消耗了4140万英镑的现金。包括通过并购吸收的，1998年的营运资本增加了161%，对比来看，营业额只增长了70%。同样的对比也适用于前几年：1997年：192%：112%；1996年：25%：10%；1995年：466%：307%；1994年：73%：50%。这并不是偶然现象。

1995—1998年的并购，总共花费了2.312亿英镑。涉及股票发行，引发了8980万英镑的净支出。由于没有来自内部产生现金的贡献，这意味着用更高的负债填补了这一空白。Finelist集团从1994年6月底120万英镑的净现金，到1998年6月底1.569亿英镑的净债务，意味着长期负债权益比高达228%。这一高水平的债务令人忧心，因为从以往的业绩中很难看出，这一债务如何能够在不依靠另一个配售新股的情况下偿付。

资产负债表的其他方面，也引起了人们的关注。尽管 Finelist 集团似乎从供应商那里获得了账期更长的信贷，但随着库存周期的下降，净营运资本—销售额比率一直在不断上升。由于商誉抵减了准备金，股东资金大幅减少了 1.297 亿英镑。加回到总数中，总的股东资金达到了 2.47 亿英镑。这当中，留存收益只占了 34%。

此外，资本和股本回报也毫无生气可言。取平均数，然后调整商誉减记，已动用资本回报率从 1994 年的 45.4% 降至 1998 年的 12%，同时更为重要的股本回报率指标，从 30.4% 跌至 10.4%。1998 年的收益为 1970 万英镑，比 1994 年多了 1830 万英镑。这 1830 万英镑的增量，代表在这期间增量权益提升或留存的 2.403 亿英镑回报率只有 7.6%。难怪股本回报率下降了这么多。这表明，所有狂热的并购活动并没有增加经济价值。大厦将倾之际，难以为继的 Finelist 集团唯有竭尽全力苦苦支撑。

总结

真正让人难以置信的是，那些为公司掩盖真相的分析师们，那些所谓聪明的家伙们，继续为正在进行一系列快速交易的 Finelist 集团拍手称赞。"买，买，买"，他们写道。为什么他们看不到大祸将至？我的观点是，大多数人都迷恋于每股收益增长的魅力而心神不宁。再看一下表 6-1，以下是一些毋庸置疑的附加要点：

- 兑现税款是按账面营业利润支付的——如果营业利润是现金假象，那么这将大大恶化企业的经营状况。在利润上征收现金税，本身就是一个"现金谎言"。支付现金利息也存在同样的问题——营业利润可能并不存在现金。最后，现金和税收都变成了强制性的现金流出。

- 营运资本夺取了越来越多的总现金流，而自由现金流则是停滞或下降的。

- 并购很可能与主体企业有着相同的现金形态，因此，在每次进行交易时，Finelist 集团都在一层一层地叠加现金消耗活动。1998 年花在并购上的 1.084 亿英镑，大部分都以现金支付。但这些交易并没有带来现金——事实上，他们从始至终一直在消耗现金。因此，集团越贪婪，问题就越严重。

- 通过借款来承担部分或全部的并购成本，另一剂毒药又强加在了股东身上。向银行支付的利息和偿还的本金与营业利润相连，所有这些，都来自越来越多根本不产生任何现金的企业。

经历这些后，Finelist 集团又挣扎了大约两年时间。在这两年里，集团没能与竞争对手帕特可（Partco）① 合并；同时，由于缺乏新资本的进入，被迫扭转了并购战略。大量的业务被出售以维持经营，更不用说降低债务水平了。在 2000 年初，没有任何企业愿意出价购买集团

---

① 帕特可（Partco）：英国汽车零部件经销公司。

出售的业务。当年 10 月，安永（Ernst & Young）① 被委派为集团的破产管理人。这个 logo 为一只展翅飞翔天鹅的集团，"砰"的一声坠回了地面。

从这个令人遗憾的故事中，得出的结论非常简单：首先，在现金上得到反映的收益才是真正的收益，无论何时。其次，任何一项投资的价值都取决于，投资者可以预期的未来自由现金流能够折为现值，其前提是承认这样一个事实，即今天得到的现金比明天得到的现金更值钱——这是最终推高股价并为你提供资本增值的驱动力。最后，通过关注现金流量表而非损益账户，你可以避免投资于那些长于许诺却短于落实的公司的风险。

时刻密切关注现金的重要性，你就不会出大错。这是一条金科玉律。

---

① 安永（Ernst & Young）：全称安永会计师事务所，是全球领先的专业服务公司，主要提供审计、税务及财务交易咨询等服务，至今已有一百多年的历史。

第七章

可预测性和确定性

这个世上唯有两件事是确定的——死亡与纳税。

——本杰明·富兰克林
（Benjamin Franklin）

经验告诉我们，所有的经济活动本质上都有风险，那么你该如何保护自己，避免自己可能高估了企业经济价值的这种可能性（有些人会说成是概率）？

这里有两个关键的因素在起作用。第一个是明确的：只有在你支付的价格和你认为能够得到的价值之间有适当的安全边际时才购买。除了"显而易见"的时候，尽量不要有任何举动。除非这是一个容易处理的问题，否则你最好还是远离它。这一课，需要花点儿时间才能真正地完全理解。理解之后，你的履历就能够从优秀走向卓越。

第二个因素更加微妙。在计算各类企业模型可预测性方面，有一个大概范围。有些是高度确定可预测的，即那些企业视角投资者非常重视的；而另外一些则完全相反，且只适合投机者和造势投资者。

出发点是能够建立企业财务模型：它是如何赚钱的，什么外部因素会影响它的财富？问问你自己，产品使用得如何？需求从何而来？需求有多可靠？公司是否提供了必需（necessary）品和必须（must-have）品？

在这一章里，我将探索这些主题，用一个真实的例子来解释可预测性和确定性。我将使用最理想的假设，知道你怎样给企业建立一个 10 年或 20 年的模型，并且相信你的预测能够给予一个高度确定性。让我们看看尊严殡葬有限公司和死亡经济学。

尊严殡葬公司

尊严殡葬有限公司是英国最大的殡葬服务提供商。

成立于 1994 年，10 年后成功登陆伦敦证券交易所
（London Stock Exchange）上市。公司通过合并一盘散沙
的殡葬服务市场而逐步发展，在此过程中获得规模经济。

英国的人口趋势

我们的出发点，是对人口趋势的理解。英国的出生、
死亡人数和婚姻情况，是通过英格兰和威尔士（England
& Wales）的英国国家统计局（Office for National
Statistics，ONS）、苏格兰注册总署（General Register
Office for Scotland）以及北爱尔兰政府统计机构
（Northern Ireland Statistics & Research Agency）来登记和
发布的。

图 7-1 显示了截至 2014 年年中英国的人口统计图／
人口金字塔，这是可获取的最新数据。图中清晰显示出
第二次世界大战结束后随即而来的出生高峰，以及后来
的"婴儿潮一代"及其回声（baby boomer generation and
its echoes）[①]。

2015 年，英国常住人口为 6460 万，比 1974 年的
5620 万增长了 15%。人口增长呈现加速态势。在
1985—1995 年 10 年的时间里，人口年均增长率为
0.3%。在 1995—2005 年的 10 年里，人口年均增长率为
0.4%。在 2005—2015 年的 10 年里，人口年均增长率

---

① "婴儿潮一代"及其回声（baby boomer generation and its echoes）：
"婴儿潮一代"（baby boomer generation）是指各国的生育高峰期，此处指的
是第二次世界大战之后英国婴儿出生率大幅度提升的现象。接下来提到的
"its echoes"，指"婴儿潮一代"的下一代，也就是"回声婴儿潮一代"
（echo boomer generation）。

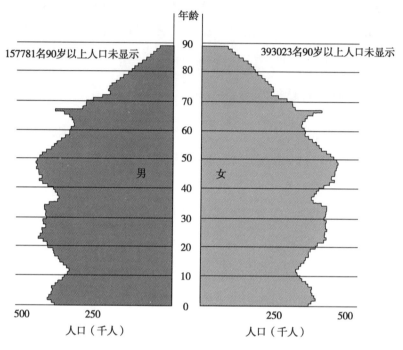

图 7-1 2014 年年中人口性别年龄金字塔

资料来源：英国国家统计局。

为 0.6%。

此外，英国的人口也在老龄化。2014 年的平均年龄是 40 岁，比 1974 年的 33.9 岁有所增长。这是死亡率和过去出生率下降的结果。这导致了 16 岁及以下的人口比例下降（目前为 19.9%），以及 65 岁及以上的人口比例上升（目前为 17.7%）。1974 年的可比数据，分别为 26.7% 和 13.8%。

自 1901 年以来，除 1976 年外，每年的出生人数都比死亡人数更多，且人口因自然变化而增长。直到 20 世纪 90 年代中期，这种自然增长都是人口增长的主要动力。然而，20 世纪 90 年代末以来，尽管自然增长仍在持续，但英国的净移民人数开始成为人口变化的一个更重要的因素。

死亡统计

拥有可靠的人口统计数据的重要性在于，它使死亡预测能够根据有关寿命的假设进行推断。你可以据此知道有一个统计概率，就是每年都会有一定数量的人死亡。虽然疾病流行或恶劣的天气可能导致一些人死亡，或者人类可能会欺骗死神，但死亡肯定会发生。

英国国家统计局也编制了死亡统计。图 7-2 记录了自 1974 年以来英国的死亡率，以及到 2037 年的预测。

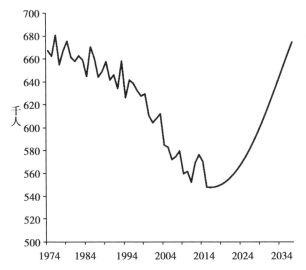

图 7-2 1974—2014 年英国死亡人数以及到 2037 年的预测

资料来源：英国国家统计局。

自 1972 年死亡人数达到大概 67 万的峰值后，英国的死亡率一直在下降。千禧年初期以来，这一下降速度极速趋缓，死亡人数从 2000 年的 61.1 万降至 2014 年的

57万。不过，一个值得注意的特征是，在此期间，每年的死亡率年度变化都呈现了不超过5%的稳定相关性。

英国国家统计局预测，2016年以后，死亡人数将会以1%的复合年增长率稳步上升。这是由对60岁以上的人口规模（"婴儿潮一代"）的增长预期推动的。

这就是殡葬服务企业经营的宏观经济背景，重要的是它证明了总需求是相对可预测的。

土葬 vs. 火葬

我们也有可靠的数据显示，比起土葬来，火葬相当普及。1885年第一次火葬实行以来，这一处理方法开始变得尤为重要。火葬的流行，源于比土葬更低的成本以及更简单的处理方式。然而，除了基督教之外，其他两种一神论信仰——犹太教和伊斯兰教——并不允许火葬。尽管如此，在20世纪后半叶，英国以火葬形式下葬的死亡人数的比例依然迅速增加，从1950年的约15%激增至1990年的70%。自此以后，这一增幅逐渐变得温和起来。如图7-3所示。

收入模型

尊严殡葬公司有三个独立的收入流：源于殡仪馆本身的殡葬服务；各地火葬场的经营；通过密切合作伙伴以及尊严殡葬公司殡仪馆出售的预安排葬礼计划。

殡葬服务的收入，来自客户向提供直接服务的殡葬礼仪师支付的费用，以及向提供协调间接服务的医生、牧师、墓地和火葬场管理人员支付的费用。火葬场的营业额来自尊严殡葬公司私营或签订经营合同的火葬场所

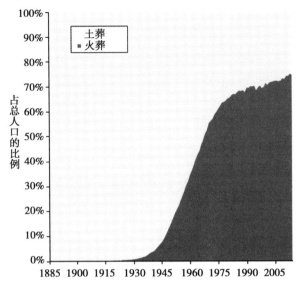

图 7-3　1885—2014 年英国土葬与火葬的对比

资料来源：英国火葬协会。

产生的费用。火葬场的服务包括死者的火化，邻近教堂的使用，骨灰的收集、分散或埋葬，以及获得英国内政部（Home Office）的许可。对于土葬和火葬来说，出售纪念碑和墓地这类额外的服务，是要算到额外费用中的。

　　除此之外，还有一笔收入来自出售预安排葬礼计划（pre-arranged funeral plans）①，也就是在这个计划的所有

————————

　　①　预安排葬礼计划（pre-arranged funeral plans）：一种流行于欧美国家的丧葬服务品种，同时也是一种实用的保险理财工具。该服务允许客户按照合同签订时的报价提前向丧葬公司支付固定的葬礼费用，以锁定家庭财务支出成本。这一方面可以保证死亡发生时有足够的资金来支付丧葬费；另一方面，客户还可以提前按照偏好来定制自己的葬礼安排。在英国，该计划由全国殡仪馆董事协会（National Association of Funeral Directors）推荐，客户预付款由指定的信托基金公司保管，信托基金一般由英国最大的保险公司之一英格兰安立甘宗教会保险公司（Ecclesiastical Insurance）负责监督管理。

人死亡之前支付葬礼费用。这些保单主要通过密切合作伙伴出售，也通过公司的殡仪馆出售。

每个收入流，都可以使用图 7-1 到图 7-3 的行业数据来建立模型。具体方法如下。

殡葬服务

2014 年，尊严殡葬公司举行了 65600 场葬礼，在英国 555700 人的总死亡人数中拥有 11.8% 的市场占有率（统计不包含北爱尔兰，因为该公司在那个地区业务很少）。这项业务创造了 1.844 亿英镑的营业额，并为营业利润贡献了 6630 万英镑。

718 家殡仪馆，广泛分布于英国各地。典型的殡仪馆每年承担 130—140 场葬礼，其中最小的殡仪馆每年举行的葬礼少于 100 场，而最大的殡仪馆每年举行 800—900 场。尊严殡葬公司总资产的广度，为收入流注入了一个稳定因素。

一家殡仪馆举办葬礼的数量，可能会有每年 ±15% 的波动，但是，通过拥有这种多样化的殡仪馆分布网络和一个接近 12% 的整体市场份额，尊严殡葬公司的表现有助于掌握全国格局，这显示了一个相当低的年度变化。在过去的 40 年里，最高的上升年份是 +4.0%（1985 年），最低的下降年份是 −4.9%（1994 年），有 26 年幅度不超过 ±2%。

同时，随着时间的流逝，每个地点都会有失去一些市场占有率的自然趋势，这一点会通过取得新的殡仪馆来补偿。扣除已经停业的，在过去的 10 年里，尊严殡葬公司通过并购或新建，新增了 206 家殡仪馆。这使殡仪馆的数量从 512 家增加到了 718 家。

公司在销售额方面获得了一个很高的收入占比，这一占比来自辅助性的高附加值业务，比如提供鲜花、纪念碑、棺材和骨灰瓮等。公司一场葬礼的平均价格从 2001 年的 1322 英镑，上涨到 2014 年的 2811 英镑，表现出 6% 的年复合增长率。在死亡率下降时，这类业务（对公司提高收入）很有帮助。而在 2016 年以后，死亡率的上升就成了增长的另一股驱动力。

了解死亡预测、可能的市场占有率和历史殡葬成本通胀，能够使营业额得到一定程度确定性的估计——直至英国国家统计局本次预测截止的 2037 年。

作为这一高度分散行业的整合者，尊严殡葬公司具备通过规模经济来提高利润的潜力。在 10 年的时间里，公司营业利润率从 30% 温和地上升到 36% 以上，因为更大的经营场所产生了更多的收入，从而覆盖了相对固定的核心成本。这是接下来估算预期利润贡献的一小步。

火葬场

正如我们所看到的，在英国的所有葬礼中，火葬目前占了大约 75%。尊严殡葬公司拥有或运营着 245 家在营火葬场中的 39 家。2014 年，在全国范围内的 429300 场火葬中，有 53400 场是尊严殡葬公司运作的，市场占有率约为 12.4%。在 2001—2014 年期间，公司火葬的平均价格从 483 英镑上升到了 1034 英镑，又一次表现出 6% 的年复合增长率。

最近几年，火葬场营收所得的交易保证金（trading

margin）相对稳定，并且轻松地维持在 50% 以上。于是，我们再一次拥有了更好地预测未来的宏观形势、市场占有率、成本和利润率所需的数据。

预安排葬礼计划

把钱投入一个低风险证券领域的独立信托基金，从而产生充足的回报，以抵消未来殡葬服务的成本通胀。通过这一方式，尊严殡葬公司维持保险费的 20% 左右，用于支付公司的营销和管理费用。如果殡葬服务被合作伙伴出售，那么该公司将会让出 85%—90% 的销售额，并将剩余的 10%—15% 计入利润。

从历史上来看，尊严殡葬公司已经完成了所有预安排葬礼计划中四分之三的葬礼。余下计划的葬礼，基本上都在准备之中。而现存未完成的计划数量，已经从 2001 年年底的 144600 个，稳定地爬升至 2014 年年底的 348000 个。

在任何一年，大约 6% 的预安排葬礼计划所有人都会死亡。通常公司每年都会卖出约 25000 个新计划，每个计划的平均收入每年会增长约 10—15 英镑。这使建立部门收入模型，并运用适当的边际收益去确定利润，成为一个相对简单的任务。

资本结构

这种可预测的现金流，能够使尊严殡葬公司的整体业务证券化（whole business securitisation）① 得以实现。

---

① 整体业务证券化（whole business securitisation）：指将与运营公司的一级担保长期债券及其相关的信用风险，重组成投资级和准投资（转下页）

公司发行贷款债券（Loan Notes）①，意味着利息成本被锁定了，同时本金和利息会在贷款的整个生命周期中完全摊还。2014 年的重新按揭举动，意味着这家公司目前已经有了二级贷款债券的发行。

（1）2.389 亿英镑的 A 级担保债券，息票利率为 3.5456%，并将在 2034 年 12 月全额偿还。

（2）3.564 亿英镑的 BBB 级担保债券，息票利率为 4.6956%，并将在 2049 年 12 月全额偿还。

通过发行有担保的贷款债券，尊严殡葬公司已经锁定了它的利息成本，而本金和利息会在贷款的整个生命周期中完全摊还。债务的发行成本，也在每一级贷款债券的期限中被分摊偿还。

同样，这是一种高度确定的可预测性。直到 2034 年，每个会计年度利息通过损益账户和单独的现金支付来偿还的计划都不会更改。每年在贷款债券上面的债务偿付义务（本金和利息）是 3320 万英镑，目前其中大概有 2500 万英镑是利息。这意味着税前的债务平均成本是 4.2%，或者说，进行 20% 的英国税收减免之后是 3.4%。剩下的只有很少一部分 1560 万英镑的火葬场购置设备和一些融资

（接上页）级的债券等不同的部分。债券的偿付来源通常依赖于持续现金流，其中主要是运营公司的诸种业务所产生的未来现金流；如果债务人发生财务困境，则来源于包括房地产和存货等在内的公司资产的清算收益。

①　贷款债券（Loan Notes）：主要通过发放债券的方式来证券化公司资产，可以将缺乏流动性但能够产生稳定的可预期的现金流的资产，通过一定的结构安排对资产中风险和收益等要素进行分离与重组，进而转换为在金融市场上可以自由流通的证券性资产。这样做要比直接借债募集资金的成本低。

租赁的利息被苏格兰皇家银行（RBS）① 征收。

为了建立现金流模型，你必须去做一些其他的辅助性假设，比如营运资本是没法限定的，并购新殡仪馆的成本将上升多少，潜在的股息增长（每年 10%），以及资本支出需求。但是，在大的数量方面——贷款债券上的收入、定期缴款和利息支付——很大程度上是可以预测的。

资本回报

最后，我们必须考虑到在经费水平上，下一步可能发生什么。从历史上来看，尊严殡葬公司通过在每个级别发行更多的贷款债券，利用现金流来偿还债务，同时通过这种方式将息税折旧及摊销前利润提高达 5—6 倍的。这一时间，大概是每隔四年。每一次，大部分的实收款项都已经返还给了股东。考虑到股份合并的进行，在 2004 年公司上市时，与支付的 230 便士的价格（每股）相比较，上市时进入的权益股东被返还了 324 便士（每股）的特别股利（加上正常支付的股利）。而且在上市时，他们购买的每 1000 股中，仍然有 567 股为他们所有。

图 7-4 展示了股价在这一时期内的表现。这家公司是使用私募股权（Private Equity）② 的形式来负担上市融

① 苏格兰皇家银行（RBS）：全称 Royal Bank of Scotland，英国最大的银行，创建于 1727 年，总部位于英国爱丁堡。是欧洲领先的金融服务集团，业务遍及英国和世界各地。

② 私募股权（Private Equity）：简称"PE"。在本书中，这一概念与当前国内所谓"私募股权"有差异，指广义的私募股权融资，即专业投资者为创造高额回报率而注资私营公司（也包括上市公司）。这种股权投资涵盖企业首次公开发行前各阶段的权益投资，也包括上市后的私募投资等。

资的，没有使用昂贵的优先级和夹层债务（senior and mezzanine debt）①。

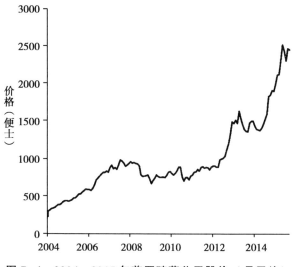

图 7-4 2004—2015 年尊严殡葬公司股价（月平均）

可预测性和确定性的重要性

可预测性和确定性的重要性是不言而喻的。正如尊严殡葬公司的例子所显示的那样，一些企业建立模型是非常简单的（简单，并不一定是容易），并且具有

---

① 优先级和夹层债务（senior and mezzanine debt）：企业融资中相比股权融资风险较低的两种融资方式。其中，优先级债务（senior debt）指在出现违约时，在支付顺序上优先于所有其他无担保或次级债务的证券；夹层债务（mezzanine debt）是一种具有股权性质的债务，在公司经营和扩张中常常用到。由于夹层债务的风险高于优先级债务，所以夹层债务的回报率也会更高。

高度可预测性。你通常可以从我们将在第八章中讨论的比率分析中看出，一家企业是否稳定并且因此相对可以预测。

其他例子，可能还包括网络安全领域的 NCC 集团（NCC Group）①，专利和商业翻译领域的 RWS 控股，以及日用品品牌领域的联合利华（Unilever）②。记住，这不是一两年的事情，你正在进行的投资是长期的，并且需要可预测性和确定性，以了解未来 5 年、10 年甚至 20 年里企业将变成什么样子。

还有第二范畴的企业，可以给它们建立模型，但它们在同样的确定程度上是不可预测的。第三范畴的企业，无论如何都不可能给它们建立模型。——如果你都不知道它们怎样赚钱，你又如何肯定地预测它们未来的收入流呢？

玛丽·巴菲特和戴维·克拉克在所著《巴菲特法则》一书中，讲到了沃伦·巴菲特所采取的方法：

> 沃伦专注于未来收入的可预测性，他认为如果没有对未来收入的某些可预测性，任何对未来价值的计算都只是推测，并且这种推测是对愚蠢行为的一种诱惑。他只对那些未来收入具备高度确定的可

---

① NCC 集团（NCC Group）：总部位于英国曼彻斯特的信息安全公司，在全球范围内拥有超过 15000 个客户。公司目前已在伦敦证券交易所上市。

② 联合利华（Unilever）：全球知名的日用消费品公司，是一家英国与荷兰的跨国公司。公司设在荷兰鹿特丹和英国伦敦，分别负责食品及洗涤用品事业的经营。

预测性的企业进行长期投资。未来收入的确定性从
公式中移除了风险元素，并把对企业未来价值的一
个合理的确定计算于其中。

　　如果这对大师来说足够好，那么，它对我们来说也
一定足够好了。

第八章

比率分析与关键绩效指标

大多数人运用统计好比醉汉之于灯柱：更多是为了获取支持，而不是照亮黑暗。

——马克·吐温

（Mark Twain）

研究一家企业很长一段时间里的账目，从中识别出发展趋势和关键问题，是一种非常有益的经验。在这一章里，我着眼于一系列的关键绩效指标，以及这些指标如何以不同的比率表示。我还考虑了如何解释这些指标。接下来的分析，将围绕一家企业的四种主要驱动力展开：

（1）销售额

（2）收益

（3）资产

（4）现金

这一章，我再次使用了一些范例，因为这是说明问题的最佳方式。我用作范例的公司，主要是詹氏·侯思德集团（James Halstead plc）①。

詹氏·侯思德集团

詹氏·侯思德集团的营业额和利润记录如图 8-1 所示。

侯思德集团为商业市场、承包市场及住宅市场生产并销售品牌地板产品。集团 80% 的销售额来源于维修市场、养护市场及装修市场，而不是新建项目。在创新研究的支持下，集团已经在国际市场上占有一席之地。

侯思德集团生产的工艺先进的产品，已经在市场上

---

① 詹氏·侯思德集团（James Halstead plc）：全称 James Halstead Group Plc。英国弹性地板行业的领航者，1915 年由詹姆斯·侯思德（James Hal-stead）创立，2006 年被授予"英女皇奖"（The Queen's Awards），如今已成为全球地板行业颇具竞争力的集团。

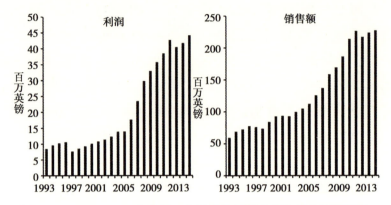

图8-1 1993—2015年詹氏·侯思德集团营业额和税前利润记录

资料来源：公司账目。1993—2006年的统计数字是根据英国公认会计准则（UK GAAP）编制的；2007—2015年的统计数字是根据国际财务报告准则（IFRS）编制的。

行销百年，仅此一点，就构筑了一道很高的进入壁垒。此外，阻碍潜在竞争对手的，还有该集团庞大的生产设施以及对它们持续投入的资金实力。

对这样的企业来说，成本控制至关重要，尤其是能源成本是其中相当大的一个投入要素。同样重要的还有分销和物流；拥有一个销售代理网络，并能够及时将产品送达最终目的地。我给这类企业起了一个绰号，叫"投资界的克龙比大衣"（The Crombie Overcoat of Investment）① ——从不走在时尚的最前沿，但暴风雨中却从不会让你失望。

---

① 克龙比大衣（The Crombie Overcoat）：传统的克龙比大衣通常是厚重的羊毛材质大衣，长度及膝，保暖性能非常好。这种大衣自19世纪80年代诞生以来，赢得了包括丘吉尔、艾森豪威尔以及当下众多好莱坞巨星的喜爱。

1. 销售额

销售额是由供给和需求驱动的。**供给**由以下几个因素决定：

（1）产品的价格。

（2）商品或服务直接的生产要素的价格。

（3）公司的目标是否是通过扩大市场和/或获得市场份额来实现营收最大化，或在给定的销售额基础上实现利润最大化。

（4）技术的现状以及如何利用它来提高生产力。

需求由以下几个因素决定：

（1）产品的价格。

（2）替代产品或互补产品的价格。

（3）目标市场的收入和累计财富的规模（这是影响产品需求的最重要的单一经济因素）。

（4）社会因素，如阶层、位置、教育等。

（5）家庭或公司的偏好取决于它是企业对消费者还是企业对企业的产品。

关键指标是每股销售额。理想情况下，你希望看到一个最低预期回报率，假设 5% 的年均复合增长，能够持续超过 5 年的时间；并且增长率加速提升，或者在最低要求上静止不动。在可能的情况下，这一分析随后能够被分解为每个产品的销售额或者按地理区域划分的销售额。

接下来，我们应该确定哪一个主要的资产类别——固定、流动、人力，是驱动销售额的。关注销售额与这些变量的比率，将会带给你这些信息。

　　一系列的关键销售额比率如表 8-1 所列。这一分析用到了如下定义：

$$净营运资本（NWC）= 存货 + 应收账款 - 应付账款$$
$$总股本 = 股东资金 + 商誉冲销或摊销① - 重估价准备金$$

表 8-1　　　2006—2015 年詹氏·侯思德集团销售额比率

（货币单位：百万英镑；另有说明除外）

至每年6月	2006	2007	2008	2009	2010	2011	2012	2013	2014	2015
销售额	126.0	137.3	158.7	169.3	186.4	213.9	226.3	217.1	223.5	227.3
增长率(%)	+12.2	+8.9	+15.7	+6.6	+10.1	+14.8	+5.8	-4.1	+3.0	+1.7
每股销售额（便士）	62.1	67.4	77.4	82.2	90.2	103.0	109.2	105.1	108.0	109.7
增长率(%)	+11.6	+8.6	+14.7	+6.3	+9.7	+14.2	+6.0	-3.8	+2.8	+1.5
平均有形固定资产	19.7	18.5	19.0	22.9	26.1	29.9	32.7	32.5	32.4	31.3
固定资产周转	6.4x	7.4x	8.4x	7.4x	7.1x	7.2x	6.9x	6.7x	6.9x	7.3x
平均存货	19.9	21.8	27.3	29.5	32.2	42.4	50.7	54.6	57.1	58.1
存货周转	3.4x	3.5x	3.3x	3.2x	3.3x	3.0x	2.6x	2.3x	2.3x	2.3x
平均应收账款	17.7	18.5	19.9	21.6	24.3	28.0	29.2	29.7	32.1	31.1
应收账款周转	7.1x	7.4x	8.0x	7.8x	7.7x	7.6x	7.8x	7.3x	7.0x	7.3x
应收账款天数	51	49	46	47	47	48	47	50	52	50
平均应付账款	16.3	18.5	20.0	18.9	21.4	28.5	29.6	31.8	34.5	31.3
应付账款周转	4.2x	4.1x	4.5x	5.0x	5.0x	4.5x	4.5x	4.0x	3.8x	4.2x

---

　　① 商誉冲销或摊销（goodwill written-off or amortised）：目前，随着商誉会计准则的不断推出和完善，各国对商誉的处理均有所差异。其中外购商誉在入账后常用的会计处理方法有三种。①将商誉立即冲销，即在合并日将商誉入账后，随即冲销合并企业当期收益或留存收益。②对商誉不摊销但进行价值减损评价。③在有效的经济寿命期内进行摊销。目前，大部分国家包括美国、中国采用第②种做法，也就是对商誉不再进行摊销，而是做减值测试；而英国、日本等国，依然对商誉进行最长 20 年的摊销，尤其英国还同时定期进行减值测试。

续表

至每年6月	2006	2007	2008	2009	2010	2011	2012	2013	2014	2015
应付账款天数	47	49	46	41	42	49	48	53	56	50
平均净营运资本：销售额（%）	16.9	15.9	17.1	19.0	18.8	19.6	22.2	24.2	24.4	25.5
平均总股本	45.3	43.4	48.8	60.1	68.8	80.5	94.3	96.8	99.0	106.8
销售额：总股本比率	2.78	3.17	3.25	2.82	2.71	2.66	2.40	2.24	2.26	2.13
平均员工人数	733	779	800	777	786	811	832	829	828	838
每个员工销售额（千英镑）	171.9	176.2	198.4	217.8	237.2	263.8	272.0	261.9	269.9	271.2

分析：

图8-1显示，1996—1998年、2000—2002年以及2011—2013年会计年度呈现出不太景气的收入特点。2010—2015年这5年，营业额从1.864亿英镑增长至2.273亿英镑，年均复合增长率（Compound Annual Growth Rate，CAGR）为4%。综观1996—2015年这10年，营业额的年均复合增长率为7.3%。

侯思德集团受"大衰退"（Great Recession）① 的冲击相对较小，但2013年的销售额还是受到了两个因素的冲击：停止了一个2012年营业额达到680万英镑的摩托车配件企业［菲尼克斯（Phoenix）］②，以及不利的汇率

---

① 大衰退（Great Recession）：指2007年12月到2009年6月，发端于美国房地产市场泡沫破裂引发的经济衰退。2007年9月13日，英国北岩银行（Northern Rock）向英格兰银行申请紧急流动性援助的消息公之于世，引发了百年来英国银行业的首次挤兑风潮，也点燃了"大衰退"的导火索。

② 菲尼克斯（Phoenix）：全球著名的电气集团公司，1923年在德国中部城市埃森（Essen）成立。目前是电气连接、电子接口、防雷及电涌保护、工业以太网、现场总线和工业自动化行业的世界市场领袖。

变动。

尽管菲尼克斯是一家相对成熟的企业，但销售数据显示，公司依然具备超越通胀率的进一步提高销售额的市场潜能。按每股销售额的水平，年均复合增长率在2010—2015年为3.7%，在2005—2015年为6.9%。

表8-1显示，除2008年上升到8.4的峰值之外，有形固定资产转换在分析周期内被限制在了6.4—7.4的区间。显而易见，公司急需一个更高水平的营运资本去支持销售额。近年来，在销售额增长出现中断的情况下，新产品的额外库存同时增加，库存周期随之从3.3显著下降到了2.3。

应收账款天数在50天左右浮动，收账基本保持稳定。应付账款天数延长了一点，这表明侯思德集团正在从供应商那里获得略微长一些的信贷。

总的来说，这意味着净营运资本—销售额比率在10年间从16.9%上升到了25.5%。这需要额外的营运资本来支持销售额，使其在资产负债表上增加更多的现金。在此期间，单位股本投资所产生的销售额从278便士下降到了213便士。

另一方面，人力资本变得更加多产，每名员工的销售额从171929英镑上升到了271195英镑。这似乎是销售额的主要驱动力。

2. 收益

利润率是由六个基本驱动力来决定的：

（1）竞争，比如市场竞争的激烈程度。

（2）专有技术、知识产权、技能、规模经济以及绝对成本优势等形式的进入壁垒。

（3）直接和间接替代品的可用性（availability）。

（4）实用性（utility）通过产品或服务传递到它们的目标市场，并因此赋予定价权。

（5）把实用性传递给经济成本的能力，这一经济成本主要涉及原材料、劳动力、分配等投入要素。

（6）核心日常开支，劳动力、财产、能源等经济成本，以及利率和债务水平的控制。

当然，管理层、制度和管理措施也至关重要。如果管理层心猿意马，那满足以上六个标准中的哪一个都不过是徒劳。

另一个重要因素是，公司要意识到自己所处的成长阶段。这四个阶段分别是：

（1）产品推广：销售额增长迅猛，收益增长适度。

（2）急速扩张：销售额增长迅猛，收益增长猛烈。

（3）成熟增长：销售额增长率和收益增长率下降。

（4）衰退：销售额和收益下降。

一家拥有老化生产线的公司，在其以往增长和当前利润率方面可能看起来是健康的，但很可能无法在未来继续维持这一趋势。进而言之，创新和对更好产品或服务的推广，才是其增长前景的关键所在。

在分析收益增长的过往记录时，询问收益增长是稳定持久还是敏感易变，这一点尤为重要。比如，衰退期间的记录是什么样的？收益的年均复合增长率处于平均水平之上还是之下？增长率是稳定的、下降的还是增长的？

一家公司必须有能力将不断增长的单位销售额（每股销售额），转化为利润和收益的更高增长率。要做到这一点，提高公司利润率是全局之要隘。利润率的下降将会拖累收益的增长率，除非销售额以同样的比例增长，以抵消这一影响。

利润率的提高和更高的单位产品销售额的创造，往往是顾此失彼的。决定因素是需求量对价格变化的敏感程度，也就是价格弹性。一个高的利润率对公司是非常有益的，因为企业在固定、流动和人力资源方面仅需要较少的投资即可；反过来说，这也大大减少了企业的经营风险。

侯思德集团的一系列关键收益比率如表 8-2 所列。正常化的税前利润和收益（税后利润），不包括商誉和特殊项目的摊销。

表 8-2　　　　2006—2015 年詹氏·侯思德集团收益比率

（货币单位：百万英镑；另有说明除外）

至每年 6 月	2006	2007	2008	2009	2010	2011	2012	2013	2014	2015
销售额	126.0	137.3	158.7	169.3	186.4	213.9	226.3	217.1	223.5	227.3
销售成本	-68.5	-75.6	-90.1	-95.5	-107.0	-127.8	-133.0	-126.8	-131.8	-132.5
总利润	57.5	60.7	68.6	73.8	79.4	86.1	93.3	90.3	91.7	94.8
毛利率(%)	45.6	44.2	43.2	43.6	42.6	40.2	41.2	41.6	41.0	41.7
销售与分销成本	-29.0	-26.3	-29.8	-31.7	-34.2	-37.9	-38.7	-39.9	-40.6	-40.7
销售与分销成本占销售额比例	23.0	19.1	18.8	18.7	18.3	17.7	17.1	18.4	18.1	17.9
管理费用	-11.7	-11.8	-9.9	-9.3	-9.3	-9.9	-12.4	-9.7	-8.9	-9.4
管理费用占销售额比例	9.3	8.6	6.1	5.5	5.0	4.6	5.5	4.5	4.0	4.1
营业利润	16.8	22.6	29.1	32.8	35.9	38.3	42.2	40.7	42.2	44.7

至每年6月	2006	2007	2008	2009	2010	2011	2012	2013	2014	2015
营业毛利率(%)	*13.3*	*16.5*	*18.3*	*19.4*	*19.2*	*17.9*	*18.7*	*18.7*	*18.9*	*19.7*
正常化税前利润	17.7	23.5	29.9	33.0	35.8	38.5	42.7	40.5	41.8	44.2
增长率(%)	*+26.7*	*+32.7*	*+27.1*	*+10.5*	*+8.3*	*+7.6*	*+11.0*	*-5.2*	*+3.1*	*+5.8*
利润税率（%）	31.9	32.6	31.8	24.7	28.2	28.6	28.5	25.8	24.7	23.2
正常化收益	12.1	15.8	20.4	24.9	25.7	27.5	30.5	30.0	31.5	33.9
增长率(%)	*+24.4*	*+31.3*	*+28.5*	*+22.1*	*+3.3*	*+7.0*	*+11.2*	*-1.6*	*+4.7*	*+7.9*
收益率(%)	*9.6*	*11.5*	*12.8*	*14.7*	*13.8*	*12.8*	*13.5*	*13.8*	*14.1*	*14.9*
每股收益［EPS］(便士)	5.94	7.78	9.92	12.07	12.42	13.22	14.73	14.54	15.20	16.37
增长率(%)	*+23.7*	*+31.0*	*+27.5*	*+21.7*	*+2.9*	*+6.5*	*+11.4*	*-1.3*	*+4.5*	*+7.7*
完全摊薄每股收益(便士)	5.91	7.72	9.88	12.04	12.39	13.16	14.67	14.47	15.15	16.33
增长率(%)	*+23.7*	*+30.7*	*+27.9*	*+21.9*	*+2.9*	*+6.2*	*+11.4*	*-1.3*	*+4.7*	*+7.8*
每股普通股股利(便士)	3.06	4.13	5.19	6.06	6.69	7.15	8.00	8.75	10.00	11.00
增长率(%)	*+24.1*	*+34.7*	*+25.8*	*+16.9*	*+10.3*	*+6.9*	*+11.9*	*+9.4*	*+14.3*	*+10.0*
每股特别股利（便士）	6.25	7.50	不适用	不适用	3.75	不适用	不适用	7.00	不适用	不适用
普通股股利保障倍数	1.9x	1.9x	1.9x	2.0x	1.9x	1.8x	1.8x	1.7x	1.5x	1.5x
留存收益率（%）	48.3	46.8	47.6	49.8	46.0	45.8	45.9	39.7	34.1	32.8
平均员工人数	733	779	800	777	786	811	832	829	828	838
员工成本	22.9	25.3	26.9	28.3	30.2	31.7	32.4	32.5	33.1	33.5
员工成本占销售额比例	*18.2*	*18.4*	*17.0*	*16.7*	*16.2*	*14.8*	*14.3*	*15.0*	*14.8*	*14.7*
每个员工营业利润(千英镑)	22.9	29.1	36.4	42.2	45.6	47.2	50.7	49.1	51.0	53.4

分析

图 8-1 显示，侯思德集团的税前利润在 1997 年有所下降，并在 2013 年再次下降。前者与一家位于澳大利亚

的非核心子公司 Driza-Bone① 的资产处置有关，而后者则是缘于地板销售额的小幅下降。除 2006—2011 年我们目睹了公司毛利润的下降外，在最近的 5 年时间里，毛利润始终处于相对稳定的状态。相反地，营业利润率从 2006 年的 13.3% 提高到了 2015 年的 19.7%。这主要得益于对日常开支的从紧控制。

　　按营业额的百分比计算，销售额和分销成本从 23% 下降到了 17.9%，管理费用从 9.3% 锐减至 4.1%。此外，销售人员成本—销售额比率在这期间也从 18.2% 下落到了 14.7%；与此同时，人力资本的利润率也增长了 1 倍以上，从 22913 英镑的人均利润增长到了 53365 英镑。而以上这些数据也恰恰印证了，一家企业可以从它不断增长的业务中得到规模经济这个朴素的事实。

　　其结果是，营业利润从 2006 年的 1680 万英镑，增长至 2015 年的 4470 万英镑。在这一时期，营业利润的年均复合增长率为 11.5%，但在过去 5 年里，这一增速已放缓至 4.5%，与顶线增长（top-line growth）② 的中断一致。

　　在税后利润（收益）的水平上，图表看起来更漂亮。自 2006 年以来，集团的收益从 1210 万英镑上升至

---

　　① Driza-Bone：由侯思德集团创立的品牌公司，距今已有至少 118 年的历史，其防水大衣堪称澳大利亚传统服饰的代表。1997 年，这家公司被侯思德集团卖给澳大利亚本土的一家公司，如今已成为 100% 的澳大利亚独资制造公司。

　　② 顶线增长（top-line growth）：即营收增长。在常用的财务报表——损益表中，顶头第一行（topline）是收入（revenue）。因此，常用"顶线增长"这一指标表示销售收入增长。

3390 万英镑，得益于英国公司所得税的削减，集团的实际税负比率从 31.9% 降至 23.2%。最有看头的是，正常化的全面摊薄每股收益（fully diluted EPS）[①] 从 5.94 便士一路驰骋至 16.37 便士——年均复合增长率达到 11.9%。而在每股水平下的较低增长，是由于在这段时间内发行股票数量的小幅增加。

侯思德集团一直奉行慷慨的股利政策。正常的股利分配居然有一个可以追溯到 40 年以前、从未间断过的增长记录，集团通常每年会把收益的一半甚至是三分之二都用来支付股利。另外，2005 年、2006 年、2007 年、2010 年和 2013 年还有特别股利。在过去的 10 年里，2.522 亿英镑的总收益中，总股利的支出为 1.95 亿英镑。这种慷慨是侯思德集团不需要大量资本来为其增长提供资金的反映，因此它将资本回馈给了它的股东们。

3. 资产

我已经说过，拥有最强大进入壁垒的、实力雄厚的特许经营公司，通常依赖于无形资产，像专有技术、技能系列（skill sets）[②] 或者掌握某些客户的心理。事实

---

① 全面摊薄每股收益（fully diluted EPS）：也叫完全稀释后的每股收益，意味着所有约当普通股（common stock equivalent，包括可转换证券、优先股、认证股以及选择权）都包括在了普通股里面。全面摊薄每股收益等于股东应占溢利（profits attributable to shareholders，指全体股东应分得的净利润）除以计入可能增发的新股的总股数，以反映股东权益可能遭稀释的程度。

② 技能系列（skill sets）：指企业拥有的与众不同的一系列技能。正如个人在不同工作上的智能有所区别一样，不论是个人还是组织，都应该在那些他们知道如何做好的领域之内从事工作。

上，可以这样说，无形资产是竞争优势能够经久不衰的不二法门。一如既往，在这一部分中，我更感兴趣的是可以量化和可以度量的资产，以及这些资产所产生的回报。

我们要寻找的是，企业的销售额、收益和现金流特征，如何反映在企业的每一张资产负债表上。这些资产的走势将会如何发展？它们是稳定的、下降的还是增长的，原因何在？

实际上，有很多种方式来为企业经营筹措资金。不过，最好的方式当然是通过留存收益进行内部融资，然后再投资于回报率颇具吸引力的项目。最糟糕的是外部融资，通过过度举债和/或发行新股来不断地筹措资金。

关注资产负债表一侧（左侧）的资产结构，以及另一侧（右侧）的资本和准备金性质，能够提醒你看一眼你正与之进行交易的企业的本来面目。

表8-3列出了关键的资产比率。在这样一个分析中，商誉包括企业既得其他无形资产，比如客户名单、品牌估值、商标、市场开发权等。这些都是没有实体形态的非货币资产，其他使用的术语定义如下：

流动比率＝流动资产÷流动负债

速动比率＝（流动资产－存货）÷流动负债

长期负债权益比＝净债务÷净权益（股东资金）

表8-3　　　2006—2015年詹氏·侯思德集团资产比率

（货币单位：百万英镑；另有说明除外）

至年每年6月	2006	2007	2008	2009	2010	2011	2012	2013	2014	2015
净资产	42.0	39.7	49.3	62.3	66.8	85.7	94.3	90.8	98.6	106.5
增长率(%)	-11.3	-5.6	+24.3	+26.3	+7.3	+28.1	+10.1	-3.8	+8.6	+8.0

续表

至年每6月	2006	2007	2008	2009	2010	2011	2012	2013	2014	2015
每股资产净值（便士）	8.3	7.8	9.6	12.1	12.9	16.5	18.3	17.6	19.0	20.5
增长率(%)	-11.7	-6.0	+23.3	+26.3	+6.5	+27.8	+10.9	-3.8	+9.4	+7.9
商誉和既得无形资产	3.2	3.2	3.2	3.2	3.2	3.2	3.2	3.2	3.2	3.2
商誉占净资产比例	7.7	8.1	6.6	5.2	4.8	3.8	3.4	3.6	3.3	3.0
有形固定资产	18.7	18.3	19.7	26.1	26.1	33.6	31.7	33.4	31.4	31.2
有形资产占净资产比例	44.5	46.2	39.9	41.9	39.1	39.3	33.6	36.8	31.8	29.3
流动资产净值	33.2	22.6	34.7	43.5	48.4	56.8	65.9	64.0	76.2	86.9
流动资产占净资产比例	79.1	57.0	70.4	69.9	72.4	65.6	69.9	70.5	77.3	81.7
流动比率	1.9x	1.5x	1.7x	2.1x	2.0x	2.0x	2.2x	2.0x	2.3x	2.6x
速动比率	1.4x	1.0x	1.1x	1.4x	1.2x	1.1x	1.2x	1.1x	1.3x	1.5x
净现金（债务）	25.6	19.9	29.3	27.4	33.2	33.8	38.5	34.7	38.5	47.2
净股本	42.0	39.7	49.3	62.3	66.8	85.7	94.3	90.8	98.6	106.5
长期负债权益比(%)	无	无	无	无	无	无	无	无	无	无
总股本	42.8	44.0	53.6	66.6	71.1	89.9	98.6	95.1	102.9	110.7
增长率(%)	-10.7	+2.2	+21.9	+24.2	+6.8	+26.4	+9.7	-3.6	+8.2	+7.7
留存收益	32.0	32.3	36.5	47.3	50.0	65.8	75.3	71.0	81.0	91.2
留存收益占股本比例	74.8	73.4	68.0	71.0	70.3	73.2	76.4	74.7	78.7	82.4
股份溢价账户	0.3	0.8	1.7	1.7	3.0	1.1	2.0	2.1	2.7	2.9
股份溢价账户占股本比例(%)	0.8	1.8	3.2	2.6	4.3	1.2	2.0	2.2	2.7	2.6
平均总股本回报率（%）	26.6	36.5	41.7	41.4	37.3	34.1	32.4	31.0	31.8	31.8
边际净资产收益率-1年（%）	-46.2	315.3	46.9	34.6	18.2	9.5	35.3	13.6	18.0	31.5
边际净资产收益率-3年（%）	-38.7	-30.9	186.9	53.7	32.9	25.3	22.6	18.2	18.2	31.1

分析：

詹氏·侯思德集团的净资产从 2006 年的 4200 万英镑，历经 10 年，大幅增长至 2015 年的 1.065 亿英镑，年均复合增长率达 10.9%，每股（销售额）水平也达到了 10.6%。这些资产的构成十分牢靠，主要由有形固定资产组成，其中 55% 目前是自由保有的财产、存货、应收账款和现金。商誉是存在已久的，并且与 1999—2005 年做出的小型并购有关。它仅仅代表了净资产的 3%。

在资产负债表的"资本"一侧，股本稳固性也很强。留存收益构成了超过 80% 的总股本，尽管这一数值在过去 10 年里由于支付 1.95 亿英镑的股利减少了。相反，股份溢价账户［实际上相当于资产负债表在这一侧的商誉——我称为"新鲜空气"（fresh air）］① 不到股本的 3%。除了优先股中 5.5% 的不能赎回的 20 万英镑，这家公司不担负任何债务。

短期财务状况的指标也是健康的。近年来，流动比率有所加强，很大程度上是现金余额增长的结果。速动比率剔除了存货，因为存货可能并不容易销售。在一个理论的清算中，侯思德集团能够轻松地摆平所有的应收账款与应付账款，然后将现金和其他资产原封不动地保留下来。这一点证明，速动比率远远超过了 1。在这个实例中，流动比率和速动比率之间的巨大差异表明，这家企业承载着大量的存货。

平均股本回报率是销售额—股本比率和收益率之积（正如我们在第四章的杜邦分析部分所看到的）。平均股

---

① 新鲜空气（fresh air）：英美俚语。用来形容那些给人耳目一新感觉的人或物，也可以寓意一种很好的改变。

本回报率的驱动力一直是收益率，自 2006 年以来，收益率呈现了从 9.6% 到 14.9% 的增长（见表 8-2）。与此同时，销售额—股本比率从 2.78 回落至 2.13（见表 8-1）。平均股本回报率也因此从 2006 年的 26.6% 上升到 2015 年的 31.8%。2006 年和 2007 年背对背（back-to-back）支付特别股利带来的影响，可以从 2007 年和 2008 年的平均股本回报率中看出来，这两个指标都超过了 41%。[①] 特别股利消耗了现金，因此，股东资金（股本）是平均股本回报率方程式的分母。

接下来我们关心的是，资本的周期性回报究竟在多大程度上可能意味着那 31.8% 放大了可持续的平均股本回报率，这一点其实可以通过两种方式进行测试。首先，我们可以看看在 1—3 年间，股本的递增回报（incremental returns）明显接近平均股本回报率，这表明这种数额是可以持续的。

其次，我们可以看看资产的经营性回报。可观的现金余额产生了个位数的回报，并将报表上的平均股本回报率降至经营（现金调整后的）平均股本回报率之下。在 2015 年的资产负债表中，期初和期末现金净额的平均数为 4310 万英镑，同时应收利息为 20 万英镑，现金回报仅为 0.46%。

经营性净资产（net operating assets），是固定资产加上存货和应收账款，再减去应付账款（不包括金融项目和准备金），2015 年的平均数为 1.099 亿英镑。在这个

---

① 经查表 8-3 中平均总股本回报率（%）可知，两个超过 41% 的数字分别为 2008 年的 41.7% 和 2009 年的 41.4%，并非作者所指的 2007 年与 2008 年。

资产基础上，4470万英镑的营业利润产生了一个40.7%的经营性回报。

4. 现金

一家企业的价值，与未来几年能够赚到多少钱有关。然而，由于营运资本和资本支出的需求，自由现金流出的收益往往低于报表的收益，从这个角度来讲，会计收益可能会受到"限制"。正如我们在第六章中所看到的Finelist集团，一家企业可以在报表上不断提升收益，而这些收益却没有反映在现金流出上——这种情况会给企业带来致命的后果。

有很多检查方法，可以用来比较现金表现和收益表现。尤为重要的一种方法，是比较长时段内的自由现金流的增长率与收益水平。另一种方法，是观察总现金流的构成。它是以营业利润（最好的结果）为主，还是严重依赖于如折旧或摊销的"反向增加"（add-backs）①?

这就形成了一个折旧费用与资本支出需求的比较。折旧只不过是一个准备金，用来替换破旧的厂房和机器。在没有通货膨胀的情况下，其结果是，这两个指标在一个稳定的企业中应该是相似的。在一家成长型企业中，资本支出通常会超过折旧。决不可容忍的是，折旧费用始终低于资本支出（或累计折旧低于累计资本支出）。因为在这样的情况下，报表收益明显被夸大了。

---

① 反向增加（add-backs）：在编制企业现金流量表时，因为折旧和摊销不影响现金流量（折旧和摊销是每期计提，减少了当期利润，但并不发生现金的实际流出），所以在处理的时候，要反向把这部分往净利润中增加。

大部分企业也是同样的情况，它们使支出（通常是研发支出）资本化，然后在被认为代表该项目经济寿命的数年时间里，通过摊销费用收回来。在最初几年，资本化和随后的摊销计入资产负债表，而不是损益表。会计准则在如何处理这些费用上提供了很大的回旋余地。由此带来的后果是，那些对尽可能高地报告利润感兴趣的财务主管，可能会忍不住去寻找最不保守的选择。

还有一种有用的检查方法，是观察现金利息保障倍数（cash interest cover）①。当谈到利息保障倍数时，大多数分析家都会使用损益表。他们计算营业利润加上总"应收"利息是总"应付"利息的多少倍。但由于款项是用现金支付的，更好的计算方法是使用现金流量表，然后看看经营性现金流加上"已收"利息是"已付"利息的多少倍。

最后，将兑现税款（cash taxes，即实际支付给税务部门的款项）与损益表中显示的税费相比较，有时也是有意义的。差异在任何单独的年份里都并不显著；时间上的差异可能是罪魁祸首。但如果兑现税款始终低于账面税款（accounting taxes），那很可能是一个信号：税务部门所看到的利润比账目中显示的要少。

你并不希望看到会计利润持续性地被重新吸收到较高的营运资本中去。这会增加存货没有卖出、债务没有收回或者流动资产滞存时的风险。股东只能用现金，不

① 现金利息保障倍数（cash interest cover）：指经营活动产生的现金流量净额加付现所得税，再除以现金利息支出所得的比率。它反映企业一定时期经营活动所取得的现金是现金利息支出的多少倍，能够更明确地表明企业用经营活动所取得的现金偿付债务利息的能力。

能花费营运资本。存货的估值尤其容易捏造，正如应收账款可以在较小程度上保持平衡。就这一点来说，被定义为总现金流±营运资本变动的经营性现金流与营业利润的比较是有用的。

自由现金流使公司能够在最初产生自由现金的核心业务上进行再投资。或者，自由现金也可以在其核心竞争力范围之内，用来购买其他能够带来现金的业务。另外，现金可以用来赎回股本，这实际上意味着公司正在回购自己的企业。

一个有趣的题外话是，评估可持续的自由现金流是否足以偿还将在购买整个企业的借贷过程中产生的债务负担。这是私募股权投资者的"第一个停靠港"（first port of call）。

表 8-4 列出了关键的现金比率。

表 8-4   2006—2015 年詹氏·侯思德集团现金比率

（货币单位：百万英镑；另有说明除外）

至每年6月	2006	2007	2008	2009	2010	2011	2012	2013	2014	2015
营业利润	16.8	22.6	29.1	32.8	35.9	38.3	42.2	40.7	42.2	44.7
折旧	3.2	3.6	2.9	3.0	3.5	3.3	3.5	2.3	2.7	2.7
其他交易项	-0.1	0.0	0.0	-0.9	-0.1	-0.1	-0.1	-0.1	-0.1	0.0
现金总流量	19.9	26.2	32.0	34.9	39.3	41.5	45.6	42.9	44.8	47.4
利息	0.9	1.0	0.9	0.7	0.4	0.1	0.2	0.3	0.1	0.1
兑现税款	-6.9	-8.2	-8.1	-12.8	-8.0	-9.7	-10.2	-11.3	-11.5	-8.4
净现金流	13.9	19.0	24.8	22.8	31.7	31.9	35.6	31.9	33.4	39.1
营运资本	5.2	0.1	-4.4	-4.3	-0.6	-8.0	-6.4	-0.2	-7.9	-4.5
资本支出	-1.2	-3.5	-3.4	-9.4	-4.0	-9.7	-2.9	-3.7	-2.9	-3.8
固定资产盘盈	0.2	0.2	0.2	1.4	0.3	0.3	0.4	0.2	1.7	0.2
自由现金流	18.1	15.8	17.2	10.5	27.4	14.5	26.7	28.2	24.3	31.0
增长率(%)	+88.3	-12.9	+9.3	-38.9	+160.0	-46.9	+83.8	+5.5	-13.7	+27.3

续表

至每年6月	2006	2007	2008	2009	2010	2011	2012	2013	2014	2015
每股自由现金流（便士）	8.91	7.75	8.33	4.41	12.21	6.72	11.89	13.33	10.87	14.54
增长率(%)	+90.3	-13.0	+7.4	-47.0	+176.6	-44.9	+76.9	+12.1	-18.4	+33.7
完全摊薄的每股自由现金流（便士）	8.86	7.70	8.27	4.39	12.18	6.71	11.83	13.27	10.82	14.49
增长率(%)	+90.3	-13.2	+7.4	-46.8	+177.1	-44.9	+76.5	+12.1	-18.5	+33.9
经营性现金流	25.1	26.3	27.3	29.1	36.5	32.9	37.3	42.1	35.0	42.0
经营性现金流：营业利润	1.5x	1.2x	0.9x	0.9x	1.0x	0.9x	0.9x	1.0x	0.8x	0.9x
现金利息保障倍数	46.8x	77.1x	79.3x	162.4x	333.4x	310.1x	375.3x	634.9x	749.7x	879.4x
兑现税款：账面税款	1.2x	1.1x	0.9x	1.6x	0.8x	0.9x	0.8x	1.1x	1.1x	0.8x
资本支出：折旧	0.4x	1.0x	1.2x	3.2x	1.1x	3.0x	0.8x	1.6x	1.1x	1.4x
正常收益	12.1	15.8	20.4	24.9	25.7	27.5	30.5	30.0	31.5	33.9
自由现金流：收益(%)	150	100	85	42	107	53	88	94	77	91

分析：

这家企业在有形固定资产上的投资相对较少，2015年这些有形固定资产周转了7.3次，正如我们在表8-1中所看到的。相应地，折旧费用相对适度，当加回总现金流时只占了营业利润的6%。在过去10年里，累计折旧比总资本支出少了1390万英镑，其中包括一些大块头的支出：在科隆（Cologne）①的仓库扩建、在拉德克利夫（Radcliffe）②的工厂扩建和能源效率提升，以及购买

———————————

① 科隆（Cologne）：德国西部莱茵河畔的一座历史名城，同时也是重工业城市。

② 拉德克利夫（Radcliffe）：英国地名，位于英格兰大曼彻斯特。

和装备在奥尔德姆（Oldham）① 的新仓库、在蒂赛德
（Teesside）② 的一个制造工厂。在这一时期内，折旧准
备金为累计资本支出的 69% 提供了支持。

这家企业的现金利息保障倍数是非常巨大的——由
于集团用大量的现金余额和很少的银行贷款进行经营，
这一点也就不令人惊讶了。集团没有真正的债务，只有
20 万英镑的优先股（国际财务报告准则奇怪地将其视为
债务而非永久资本）。同样地，兑现税款也和损益表中
所显示的费用相差无几，所以在这一点上也没什么可担
心的。

如表 8-1 所示，由于存货水平较高，营运资本—销
售额比率年复一年地稳步上升。可能的原因有，侯思德
集团喜欢从存货中供应同类的产品，以保证 24 小时交
货；以及在蒂赛德也有库存储备。在过去 10 年里，公司
在营运资本当中投入了 3090 万英镑，支持了一个 1.149
亿英镑的收入增长。因此，每增加 1 英镑增量收入，企
业就需要将近 27 便士的额外营运资本来资助它，这是相
当高的。

自由现金的创造总体上来说是不错的。十年来，这
一数字从 1810 万英镑上升到了 3100 万英镑，年均复合
增长率达 6.1%，每股水平的年均复合增长率为 5.6%。
只有在 2009 年和 2011 年，会计收益出现了糟糕的转变，
上文提到的项目的资本支出需求给这两年带来了巨大的

---

① 奥尔德姆（Oldham）：英国英格兰大曼彻斯特的一座城市，位于曼
彻斯特的东北。

② 蒂赛德（Teesside）：英国地区，位于英格兰东北部达勒姆郡蒂斯河
畔斯托克顿自治镇。

影响。由于这些主要是新设施，你可以认为这是为扩张和未来增长所产生的资本支出，而不是现有设施维护，因此不太可能由现有的折旧费用提供。

把这段时间看作一个整体，总的转换比率达到了令人满意的85%。在2.137亿英镑的累计自由现金中，有1.95亿英镑作为普通和特别股利被支付。净现金余额从2006年年初的2550万英镑，增长到了2015年年底的4720万英镑。

综上所述，詹氏·侯思德集团在这段时间里的股价表现如图8-2所示。

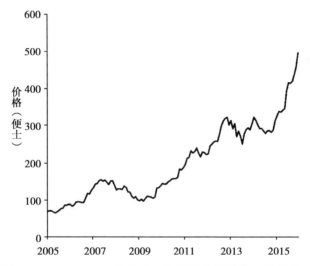

图8-2　2005—2015年詹氏·侯思德集团股价（月平均）

其他比率及其使用

除了在侯思德集团案例分析中所涉及的标准比率的

使用之外，其他量身定制的经营性比率可用于监控管理目标，以及证实或否认（企业经营方面的）想法。我在这里列举两个范例来加以说明。

游戏车间集团

游戏车间集团（Games Workshop）设计、制造并销售托尔金式（Tolkien-esque）① 的涂装微缩模型和战争游戏中使用的手册，主要通过其自有门店、独立零售商和邮购方式出售。这就是企业对爱好者的把控，我把它贴切地比作在证券交易所交易的合法化毒品（legalised drug）。

几年前，管理层表示有意从企业中去除成本，在允许重新签订租约时，将其自有门店从一级地段转移到二级地段，并转向个体户运营模式。

2010 年，该企业 382 家门店的经营租赁费为 1040 万英镑。2015 年，门店的数量增长到了 418 家，但租赁费降到了 760 万英镑。这就意味着，每家门店的平均经营租赁费，从大约 27100 英镑大幅下降到了大约 18300 英镑，而且每年都有一个显而易见的改善。同时，员工人均销售额从 61200 英镑上升至 72000 英镑，员工人均利润从 7770 英镑上升至 9940 英镑。这些比率告诉我们，管理层的这一计划完成得非常漂亮。

———————

① 托尔金式（Tolkien-esque）：指具备经典严肃奇幻特征的一种游戏风格。其中，Tolkien 指约翰·罗纳德·瑞尔·托尔金（John Ronald Reuel Tolkien），英国作家、诗人、语言学家，以创作经典严肃奇幻作品《霍比特人》《魔戒》与《精灵宝钻》闻名于世；他非常注重整个场景的描绘，作品往往能够让读者清晰感受到他所描绘的世界。

在这个例子中，我能够使用管理层提供的开业门店数量和门店经营租赁费总额等非官方信息，以及销售额、利润和员工数量等官方信息，来设计一个特别的比率，使我可以监控一个既定的管理目标的成功。

哈格里夫斯·兰斯多恩集团

我一直认为，一家企业最强大的吸引力之一就是可扩展性（scalability）①，而哈格里夫斯·兰斯多恩集团（Hargreaves Lansdown，HL）很好地展示了这一点。该集团是英国私人投资者自主选择、咨询和自由决策的投资管理产品和服务的主要供应商。这家企业的员工销售成本从 2006 年的 38.2% 下降到了 2015 年的 13.4%；同时，员工人均销售额从 143200 英镑上升至 434200 英镑，人均利润从 47300 英镑大幅上升至 217600 英镑。随着企业的发展，人力资本正变得更加多产，并能够产生更多的利润。

原因是，一旦体系落实到位、持续维护并定期升级，越来越多的收入就可以从中产生。与侯思德集团相同的是，偶尔也会出现资本支出的峰值；但与侯思德集团不同的是，这家企业的有形固定资产仅占净资产的 5%。

----

① 可扩展性（scalability）：指企业的产品或服务具备可横向发展的特性。特别是对于服务类企业来说，深耕某一个领域可以获得突破点，但是当企业把某项产品或服务做到极致，可以考虑将产品线横向发展——即企业发展遇到瓶颈以后，能够通过可扩展的形式接入更多的产品和服务。对于创业公司而言，在产品得到初步验证、市场定位较为清晰之后，投资人一般也会看这家创业公司的产品及服务是否具备可扩展性。

　　企业运作过程中对资本没有那么大的需求，意味着哈格里夫斯·兰斯多恩集团是一个巨大的现金创造机器——在过去 10 年里，它的现金转换比率高达 101%。由于集团不需要大量的现金来进行再投资，自 2007 年上市以来，它一直拿出收益的 90% 甚至更多用于支付股利。然而，留存收益对资本和准备金仍然有一个高达99% 的惊人占比。这确实是一家非常强大的企业。

　　通常情况下，一家对实物资产投入较少的企业往往依赖于人力资本，从而使自己获得优势。在哈格里夫斯·兰斯多恩集团的案例中，这是一家"人"的企业，员工技能是这项投资的基石。接下来的关键之处就在于，在需要额外增量之前，通过现有的体系能产生多少收入。通过关注人均资本比率的发展和由高收入员工所代表的企业的成本占比，可以看到答案是非常真实的。这就是我们所说的可扩展性的本质。

长期比率分析

　　研究相当长一段时间里的财务比率是最有效的分析工具之一。10 年或 20 年的统计数据很少会说谎，除非企业的形态发生了重大变化。而且这样的研究，很容易就能识别出一家公司所面临的问题。如果回顾一下对詹氏·侯思德集团的案例分析部分，你会看到一些对企业内部曾经发生并且仍在发生的情况的非常详细的解释。比率分析恰好给你提供了一种适当的工具，以使你把握自己向管理层提出的有关企业所面临的问题。

＊　　＊　　＊

接下来，我们从考虑企业的质量方面进一步深入探索，在第九章探讨如何评估企业的质量；在第十章，我们将以投资组合构建方面的一些想法结束。

第九章

估值的艺术

如果说微积分是必不可少的，那我就得回去发表论文了。

——沃伦·巴菲特
（Warren Buffett）

　　人们常说，对一家公司的估值，与其说是一门科学，不如说是一种艺术。如果你觉得这话说得还有那么点道理，其实是因为：对于估值来说，更重要的是判断；也就是说，估值要权衡很多因素，而不是简单地依照严格的数学公式，却不考虑实际应用地去进行。

　　有关如何合理评估资本资产的学问，可能就是投资者武器库里最有价值的武器。沃伦·巴菲特曾说，如果他要教授一门关于投资的课程，那么将教会让自己的学生们马不停蹄地展开针对企业的估值研究，试着找出每家特定企业的关键变量，并评估这些变量的可预测性。

　　巴菲特是从他的恩师本杰明·格雷厄姆那里学到这招本领的，因为格雷厄姆的课程都与评估公司的价值有关。格雷厄姆会向自己的学生分别展示 A、B 两家公司的数据，并要求他们做出评估。有时，直到练习结束，学生们才会被告知 A 和 B 实际上是同一家公司，这些数据只是分别处在这家公司历史的不同时间点上。格雷厄姆始终在尝试教会学生动脑思考、多方权衡，来判断这些变量当中哪些变量是相关的或者是占主导地位的。

　　估值的艺术是识别并理解这些关键变量，然后计算出它们的可预测性。如果它们是不可预测的，那就停止研究并远离。但如果你能识别出主要变量，那就可以移步到科学部分了。这涉及用公式表示一个财务模型，来反映企业的运作和盈利模式。不过，你也不要指望这样的模型能给你提供一个准确的估值。因为估值并不绝对，你要寻找的是你认为企业可能值（多少钱）的价值范围。

在本章中，我将介绍一些常见的估值指标，以及一些更为深奥的指标。当然，所有的价格（也就是你的股市入场券），都与通常从损益表、资产负债表或现金流量表中提取的指标有关。其中一些指标，比如股价—收益比率（市盈率）和股价—账面价值比率（市净率，price to book value），已经存在很长一段时间了。而其他的，包括那些我称为"深奥"的指标，以前是没有的。后一种类别包括了像市盈率增长系数（price-earnings growth factor）[1] 以及企业价值—息税折旧及摊销前利润比率（enterprise value to EBITDA）等衡量标准。

问题在于，这些衡量标准没有一个能够捕捉到一家企业一两年后内在的潜在未来价值创造。所以我着眼于用几个模型而不是衡量标准，以做到这一点。这些模型包括复合收益模型，以及我所选择的也是最钟爱的贴现现金流（discounted cash flow）[2] 模型。

在详细讲解模型之前，我有必要先解释其他几个要点，主要涉及财务投资者 vs. 战略投资者，以及企业价值 vs. 股权价值。

---

[1] 市盈率增长系数（price-earnings growth factor）：一种投资分析工具，可以帮助投资者发现被低估的股票。当与其他比率一起使用时，它为投资者提供了一个了解市场如何看待公司增长潜力与每股收益增长关系的视角。用公式表示为：市盈率÷每股收益增长率。

[2] 贴现现金流（discounted cash flow）：指为了预期的未来现金流所愿付出的当前代价。贴现现金流就是将未来现金流转换成现值，而未来现金流的现值必须通过重新计算（折算）来确定，这样一家公司或计划项目才能够被准确估值。

财务投资者 vs. 战略投资者

在公司估值中，评估者视角的重要性不言而喻。财务投资者把公司视为一个独立的存在，以风险调整后的财务回报作为判断依据，这个回报可能是从公司的一项投资中获得的。这个回报必须比得上其他地方的机会，如房地产、债券或者其他公司。相对于其他任何财务投资者，某一财务投资者并不具备理论上的优势，而且在获取信息相同并在相同的假设之下，应该得出与其他同行几乎相同的估值。

然而，在现实当中，不同的财务投资者通常会得出分歧较大的估值——也许是因为要用两种观点来做市（以制造生意兴隆的景象）。这些差异有两个充分的理由。首先，概念上的差异，这与什么是价值的最佳导向有关：是销售额、利润、收益、现金流，还是资产。其次，所做假设上的差异：一些投资者可能只是比其他人消息更灵通，甚至可能按照非法内幕消息行事。

相反，较之于财务投资者，战略投资者更厉害，他们能够获得更多可利用的额外价值，哪怕他们只持有公司的部分所有权。这些额外的利得，源于已经拥有的和新近获得的之间的协同作用。这些例子包括规模经济、使用新产品和进入新市场。

因此，一般而言，比起财务投资者来说，战略投资者通常会给一家公司更高的估值。这就解释了为什么收购几乎总是发生在二级市场股价远高于要约收购价的时候。这种利得的性质和规模将是投资者特定的。但在本章中，我们只关心财务投资者。

企业价值 vs. 股权价值

在股权价值和企业价值之间，从一开始就存在一个重要的区别。股权价值只与普通股有关，因此公司的市值在任何一个给定的时间都应该是它的一个"快照"（snapshot）。企业价值则把公司看成是一个整体。它被衡量为股权价值加上债务减去现金。一般来说，如果估值取决于考虑财务收入和费用之前计算的指标，那它就是在评估企业；如果在之后计算，那它就是在评估股权。

用于估值的会计模型

当你准备进行估值时，首先就是要着眼用于估值的会计模型。

用于公司估值的传统会计模型认为，股价是由一个在适当倍数下计算一个会计指标的价值来决定的。会计模型关注的是损益表和资产负债表。

股价—收益比率（市盈率）

毫无疑问，市盈率是最广泛使用的基于倍数的估值比率。通过用收益的倍数来对一家公司进行估值，这样做自有它的道理。判断的依据是：从长期来看，理论上收益终将转化为现金。不难想象，有人愿意在当下一次性支付几倍的收益，以确保从一直延伸到未来的收益流中获利。这正是你在为退休收入购买一个年金时所做的事情。

市盈率是指当前股价除以每股收益。在公司层面上，这个定义可以转化为（公司股票的）市值除以收益（或净利润），这里的收益是指除去税负、任何少数股东权益和优先股股息之后的利润。通常来说，这个计算中使用的每股收益或收益（或净利润）是预期的，可不是历史的。

假设公司的收益保持稳定，市盈率可以看作是公司需要花费多少年才能赚回最初的首付款。如果收益长期下降，投资者就不愿意像收益快速增长时支付那么多钱。因此，成长型公司倾向于做出更高的市盈率，使之与企业及其所经营的行业的前景密切相关。

影响市盈率的其他经济因素是通货膨胀和利率的前景。在利率较低的环境下，未来收益的折现净现值（Net Present Value，NPV）会得到增强，这是因为折现系数（discount factor）① （受利率环境的约束）较低。同样，通货膨胀率越低，未来收益的实际价值就越高，因为收益没有被金钱购买力的削弱所侵蚀。

---

① 折现系数（discount factor）：又称"一次偿付现值因素或复利现值系数"，指根据折现率和年数计算出来的一个货币单位在不同时间的现值。在实际工作中，折现系数可由"折现系数表"查得，它是一个货币单位复利值的倒数，也是折现率和年数两者的递减函数。在折现率不变的情况下，一个货币单位在 n 年的折现系数为：R = 1／（1+折现率）n。每年的折现系数乘以每年的收益值再减去本金就是净现值（NPV）。

表 9-1 显示了在 4 年的时间里（在现实中，这种预测会延伸至永久），利率和通货膨胀对相同收益的净现值所造成的影响。表中显示了较高的利率和通货膨胀对价值造成的损害。对于相同的票面收益流，在折现率为 6%、没有通货膨胀的情况下，累计净现值为 104.2 便士。而在折现率为 10%、通货膨胀率为 6% 的情况下，累计净现值下降到了 84.1 便士。这在实践中意味着，在第一种累计条件下准备支付 20 倍市盈率的投资者，在第二种累计条件下可能仅准备支付大约 16 倍的市盈率（84.1÷104.2×20＝16.1）。

表 9-1　折现系数（利息）和通货膨胀对净现值的影响（单位：便士）

	第 0 年	第 1 年	第 2 年	第 3 年	净现值总和，第 0—3 年
预期收益（每年 25% 的增长率）	20.0	25.0	31.3	39.1	
折现率为 6%，没有通货膨胀	20.0	23.6	27.8	32.8	104.2
折现率为 10%，没有通货膨胀	20.0	22.7	25.8	29.4	97.9
折现率为 6%，通货膨胀率为 3%	19.4	22.2	25.5	29.1	96.2
折现率为 10%，通货膨胀率为 3%	19.4	21.4	23.6	26.1	90.5
折现率为 6%，通货膨胀率为 6%	18.9	21.0	23.3	26.0	89.2
折现率为 10%，通货膨胀率为 6%	18.9	20.2	21.7	23.3	84.1

股票收益率

股票收益率（earnings yield）是市盈率的倒数，用百分比来表示。因此，12.5 倍的市盈率，可以换算成

8％的股票收益率。直到 20 世纪 60 年代，市盈率（一个美国化的概念）才比传统的股票收益率更加凸显其优越性。

股票收益率一定不能与股利收益率（dividend yield）① 相混淆。一家企业的股东对收益提出了要求，而不考虑真实付出的股利是多少。留存收益可以用于再投资，所以将来能为股东创造额外的财富。

股票收益率显示了在你要求获得的收益中可以预期的初始回报率，以你所支付的价格的百分比来表示。如果你认可沃伦·巴菲特的观点，也就是把股票视为一种债券，那么股票收益率就相当于债券的票面利率。例外情况是，收益率就债券来说通常是固定的，但是就股票来说是可变的，并且有扩大的希望。股票收益率使你能够与非股权类型的投资进行直接比较，比如政府债券（金边债券，gilts）、公司债券或者定期存款。

在第二次世界大战爆发之前，在股票上获得的股票收益率远高于金边债券，因为传统观点认为，这是对股权投资者所承担的额外风险的补偿。这种差异被称为"收益率差额"（yield gap）。接着，就有了增长的概念，有价值的企业增加它们的收益，所以股票收益率增加了。股票风潮的产生以及股票收益率降到金边债券以下，产生了"反向收益率差额"（reverse yield gap）。尽管伴随着 2008—2009 年"大衰退"而来的超低利率环境已经扭转了这一差额，但时至今日，这一问题仍然普遍存在。

---

① 股利收益率（dividend yield）：也称股息收益率，是描述公司财务状况与股票市场价格之间关系的指标之一，即购买股票后当年得到的收益。

市盈率增长系数

市盈率，同时也暗指股票收益率存在的一个问题：它是个一维线性的数字，与其他任何公认的价值衡量标准没有明显的关联。它没有提到未来可能的收益增长率，也没有提到它们是加速还是减速。它也没有说明一家公司与另一家公司拥有相同的收益增长率，能否在相同的投资水平下实现这一增长。最后，它对资本的机会成本漠不关心，也就是说，对从另一个具有相同风险补偿的投资项目中能够获得什么回报，漠不关心。

一个改善后的指标是市盈率增长系数，有时可以简化为市盈率与增长比率（price-earnings growth，PEG）[①]。这是另一个美国式的概念，由吉姆·斯莱特（Jim Slater）[②] 在他的《祖鲁法则》（*Zulu Principle*）一书中提出，随后横跨大西洋传入美国。这一概念将熟悉的市盈率与同一时期的预期收益增长率相联系，联系的方式是

---

① 市盈率与增长比率（price-earnings growth，PEG）：由市盈率衍生出来的一个比率，用公式表示为：市盈率÷每股收益增长预测值。具体而言，就是为了衡量不同公司的未来收益增长率而对市盈率所做的调整。此外，这一比率的使用假定市盈率和每股收益增长率都有一个稳定的年度基础及可预测的周期。

② 吉姆·斯莱特（Jim Slater）：英国知名的成长型投资大师，投资经历长达 37 年。他不重视资产价值，也不利用传统价值投资的评价标准，而是特别注重公司长期获利的成长及相对强度，并以市盈率与增长比率为评价的重要标准。所著《祖鲁法则》（*Zulu Principle*）1992 年出版以来，即成为投资领域的畅销书。作者用"祖鲁法则"命名自己的投资理念，旨在强调在投资市场居于弱势的散户，必须向 19 世纪曾经以小博大的祖鲁人学习，集中火力在自己选定的投资领域，发挥优势打败机构投资者，赚取高额利润。

用前者除以后者。因此一家公司的市盈率为 10 倍，预期收益增长率为 15% 的情况下，计算可得出市盈率与增长比率为 10÷15＝0.67。这是一种试图摆脱市盈率一维线性特征的尝试，将你为一个给定的收益数额所支付的价格，与你能够通过这些收益的未来增长所期望的价格联系起来。

你当然希望市盈率与增长比率小于 1，最好是小于 0.75。然而，有一个很好的数学上的原因，解释了为什么市盈率和收益增长之间的关系是非线性的。分子，也就是市盈率，是线性的；但分母，也就是每股收益增长，引入了一个几何级数作为一个复合比率来计算。这种非线性是市盈率与增长比率的一个缺点，表 9-2 展示了这一点。

表 9-2　　市盈率和市盈率与增长比率之间的非线性关系

桑福德：股价 100 便士；预测每股收益 10 便士；每股收益增长率 10%；市盈率＝10 倍；市盈率与增长比率＝1.0

年份	1	2	3	4	5	6	7	8	9
每股收益（便士）	10.0	11.0	12.1	13.3	14.6	16.2	17.7	19.5	21.4
累计每股收益（便士）	10.0	21.0	33.1	46.4	61.0	77.2	94.9	114.4	135.8

在当前收益率下收回原始投资所需要的时间：7 年零 96 天

迪兰：股价 200 便士；预测每股收益 10 便士；每股收益增长率 20%；市盈率＝20 倍；市盈率与增长比率＝1.0

年份	1	2	3	4	5	6	7	8	9
每股收益（便士）	10.0	12.0	14.4	17.3	20.7	24.9	29.9	35.8	43.0
累计每股收益（便士）	10.0	22.0	36.4	53.7	74.4	99.3	129.2	165.0	208.0

在当前收益率下收回原始投资所需要的时间：8 年零 297 天

实际上，如果市盈率真的是年金的一种形式，那么市盈率高的时候，市盈率与增长比率就会高估公司的价值；反之亦然。看起来，高市盈率的迪兰公司比低市盈率的桑福德公司，需要花更长的时间才能挣回初始投资：8.81 年对比 7.26 年。这说明市盈率越高，市盈率与增长比率失去的效用就越多，而且它只有在用来与市盈率的界限相结合时才是一个强有力的论据。例如，吉姆·斯莱特发现，当市盈率在 12—20 倍的范围内、每股收益增长率在 15%—25% 的范围内时，市盈率与增长比率的效果最佳。

尽管比单独使用市盈率要好，但市盈率与增长比率还是有一个"癖好"，即在一开始，可以让小规模动态增长的公司看起来相当有价值。此外，只考虑一年的市盈率与增长比率，你只抓住了公司收益能力的一小部分，毕竟，这些公司是为了无限期地做生意而成立的。

企业价值—营业利润比率

企业价值—营业利润比率（enterprise value to operating profit ratios）是一个与市盈率类似的概念，只不过利润指标是在利息和税负之前计算的。因此，与之进行比较的正确对象是企业价值。任何涉及商誉或者既得无形资产的摊销费用，通常都要加回到营业利润当中。出于这一原因，这一比率有时被简单地称为企业价值/息税摊销前利润（EV/EBITA），尽管事实上收益就严格意义来说是在税后计算的。

另一个在投资银行家之间备受推崇的变量，是企业价值/息税折旧及摊销前利润（EV/EBITDA，即企业价值倍数）。对息税折旧及摊销前利润这个指标的观点，我在前文中已经表示了强烈的意见。我把它看作一个毫无价值的指标，因为它是在折旧之前计算的。与摊销（软件除外）不同，折旧是一家企业的实际成本，是替换废旧生产性资产的准备金。

企业价值—销售额比率

企业价值—销售额比率（Enterprise Value to Sales Ratio，EVSR）中的企业价值（EV）与年营业额有关，但几乎总是被错误地称为价格—销售额比率。习惯上，这一指标用于那些没有利润以及现金流可能严重受损的"无底洞"（black hole）企业的估值。

运用营业额的重要性，在于提供一个公司潜在价值的衡量标准。对于周期性公司来说，只有当营业额恢复时这一点才是重要的，并且企业价值—销售额比率通常将会很低。对于初创或处于发展阶段的公司来说，随着公司成熟并开始产生收益和现金，营业额就是一种未来潜力。在这里，企业价值—销售额比率可能会很高。

业已处于强劲增长阶段的公司，将比处于平均增长阶段的公司拥有一个更高的企业价值—销售额比率。这不仅仅是因为市场预期增长速度更快，还因为这类公司通常享有更高的营业利润率；也就是说，它们从每一英镑收入中获得了更多的利润。随着公司规模的扩大，企业价值—销售额比率往往会下降。这反映出这样一个事实，即从一个较低的基数快速增长更为容易。如果你为那些销售额支付了过高的倍数，而且营业额增长无法实现，或者公司失去了一份重要的合约，那么，对公司盈亏底线（bottom line）① 的影响会是灾难性的。

　　简单来说，一旦给定的销售额水平覆盖了固定或设定的成本，公司就会越过其盈亏临界点（break-even point）②，增量毛利润也不会跌至盈亏底线。反之，从销售额中拿走一大块，对盈亏底线的影响在另一个方向上是不成比例的；特别是在高利率销售额的情况下。这就是所谓的运营杠杆（operational gearing），不应该与财务杠杆（financial gearing）相混淆，后者是净债务占权益股东资金的百分比。

　　顺便说一句，我必须指出，高运营杠杆和高财务杠杆的结合是一杯致命的鸡尾酒。

股价—每股现金流比率（市现率）

　　市现率（Price to Cash Flow，PCF）③ 与市盈率没有什么不同。市现率是公司的市值除以其现金流。问题是，这是一种缺乏普遍接受的现金流定义。这个定义应该是，现金是在

_____

　　① 盈亏底线（bottom line）：指公司的实际收入，即总收入除去各种不同类型的开支后的收入，表明公司的赢利和亏损的程度，关系到公司的生死存亡。原指公司财务报表上的底线，财务报表里用此线标明净收益或净损失。

　　② 盈亏临界点（break-even point）：也叫盈亏平衡点，是收益与损失相等的那个点，也是销售收入与成本费用相等的那个点，或者是总成本与总收入相等的那个点，它能够反映投资何时将产生积极回报。一般企业在制定价格和决定边际利润之后，盈亏临界点就成了盈利水平的底线，因此，在经营管理中，把握好盈亏临界点非常重要。

　　③ 市现率（Price to Cash Flow，PCF）：股票价格与每股现金流的比率，用于评价股票的价格水平和风险水平——市现率越小，表明上市公司的每股现金增加额越多、经营压力越小。对于参与资本运作的投资机构，市现率还意味着其运作资本的增加效率；不过，在对上市公司的经营成果进行分析时，每股的经营现金流数据更具参考价值。

任何随意性支出（discretionary expenditure）之前从经营中产生的。对我来说，随意性支出意味着并购或者明显的扩张性资本支出，比如建造一间新的工厂，它与维持现有设施的资本支出截然相反。换句话说，就是自由现金流。对其他人来说，它可能只意味着在加回折旧和摊销之后的会计收益。与市盈率一样，市现率被称为现金流收益率（cash flow yield）的倒数。就我个人而言，我相信有更好的方法来尝试评估使用现金流，我们稍后就会讲到。

股价—账面价值比率（市净率）

市净率（PBV）① 是试图把股价与资产净值联系起来的一种尝试。账面价值并不意味着公司的价值，它仅仅是记录在资产负债表上的净资产账面价值。就其本身而论，它受制于我在讨论经济利润时提到的所有会计失真（accounting distortions）② 和约当权益（equity equivalents）③。

---

① 市净率（PBV）：指每股股价与每股净资产的比率，表示公司能否以较少的投入（净资产）得到较高的产出（市值/股价），能够反映出用多少倍的价格购买一宗资产。分母的每股净资产是用成本来计量的价值，分子的每股市价是这些资产市场交易的价格，比值越低，就意味着风险越低。

② 会计失真（accounting distortions）：这里指会计信息失真（accounting information distortions），即会计信息的输出与输入不一致产生的信息虚假，也就是财务报告反映的情况与原始凭证（包括依据原始凭证所做的进一步处理）不符。

③ 约当权益（equity equivalents）：指股本等价物，在资本项目下包括递延留存收入税、后进先出法的留存、累积商誉摊销、研发费用资本化、其他为确立市场地位的支出的资本化、累积税后非常损益等。然而，将这些项目列入资本项中，并不意味着它们就构成了公司的市场价值，只有当这些项目产生足够的收益时，它才被计入公司的市价，由此将根据其收益调整相应的利润项目。约当权益从现实的股东角度出发，取代悲观的债权人角度；并用完全成本法取代成就法，从而消除了传统会计方法对信息的扭曲。

具体来说，它包括无形资产和有形资产，因此，一个更好的衡量标准可能是不包括商誉等项目的股价—有形资产价值比率。

＊　　＊　　＊

以上就是对一些比率的回顾，这些比率都与把股价跟一个直接从公司账目中提取出来的指标联系起来有关。这些比率虽然实用性都很强，但我们考虑的所有因素都有其局限性。现在，我们将从指标移步到模型，一起去探索一种稳健的估值方法。

复合收益模型

我有时会使用复合收益模型来设法了解一家公司的内在价值，以及一项投资在一段时间内可能产生的回报。与基于倍数的估值不同，这种评估试图以独立于其当前市场价格的方式来评估一只股票。我们试图确定一只股票值多少钱，即如果在正常市场中合理定价，它应该在什么样的价位卖出。

进行评估的方式，是估算当前投资者在给定的持有期限（通常为 5 年）结束时可能会拥有什么样的价值，这个价值是在计算总回报时加到已获得的股利当中的。

第一步，通过计算下一年收益的估值，来评估股本在第五年年末的价值。出发点是当前股东资金的价值，要加回之前已经冲销到准备金或摊销的任何商誉或既得无形资产。正如前面所提到的，这是总股本。

第二步，计算在这一总股本上已经实现的当前回报。

这个回报仅指企业扣除所有在最近的财务周期里已经支付的税负、利息、少数股东权益以及优先股股息之后的收益。期初和期末总股本的平均数，就是这个回报实现的载体。

　　按照这个标准预测之前，你必须确信，企业能够在所有未来再投资收益上持续赚取这个回报。要想做到可持续，特许经营权必须有能力进一步扩张，以实现与过去业已实现的相差无几的回报率。显然，如果回报已经摇摇欲坠（通过一个持续低迷的边际回报来证实这一点），那么，想进一步扩张就不太可能了。而且这个特许经营权一定不能接近饱和成熟的状态，或者得益于当前有可能结束的特价（exceptional pricing）机会。

　　假设对这一可持续性有信心，那么，未来收益就是通过把目前的股本回报率应用到期初的股东股本上来预测的，随着留存收益的增加，年复一年，直至预测期结束。留存收益，是在实际支付股利之后计算的增加了的股本。我用到的留存/支付比率（retention/pay-out ratio），是过去 5 个财年不包括特殊股利的平均数。为了说明这些概念，表 9-3 把它们运用到了 A. G. 巴尔公司的示例中。

表 9-3　　　　　　　　A. G. 巴尔公司复合收益模型估值

（货币单位：百万英镑）

至每年 1 月	2016E	2017E	2018E	2019E	2020E	2021E
总股本回报率（%）	21. 2	21. 2	21. 2	21. 2	21. 2	21. 2
留存比率（%）	58. 8	58. 8	58. 8	58. 8	58. 8	58. 8
期初总股本	160. 5	180. 5	203. 0	228. 3	256. 8	288. 8
年收益	34. 0	38. 3	43. 0	48. 4	54. 4	61. 2

续表

至每年 1 月	2016E	2017E	2018E	2019E	2020E	2021E
股利支付	−14.0	−15.8	−17.7	−19.9	−22.4	−25.2
留存收益	20.0	22.5	25.3	28.5	32.0	36.0
期末总股本	180.5	203.0	228.3	256.8	288.8	324.8
权益价值（15 倍市盈率）	574.5	645.0	726.0	816.0	918.0	
总实收股利	14.0	29.8	47.5	76.0	98.4	
预期市值					1016.4	
当前市值					622.4	
复合回报率（%）					10.3	

A. G. 巴尔公司是碳酸饮料以及软饮料和瓶装水的生产商和经销商，其最知名的品牌是 IRN-BRU①（苏格兰最受欢迎的软饮料）。在过去十多年时间里，这家公司是拥有稳定运营模式和稳步上升业绩的品牌铸造者。近年来，得益于 2014 年当年举办的格拉斯哥（Glasgow）②英联邦运动会（Commonwealth Games）③，公司难得遭遇

---

① IRN-BRU：由 A. G. 巴尔公司生产的一种碳酸软饮料，1901 年始创于苏格兰中部城镇福尔柯克。它被称作苏格兰除苏格兰威士忌以外的另一种民族饮料，为苏格兰最畅销的软性饮料之一，其销量可与可口可乐媲美。目前，除在英国销售以外，还在澳大利亚、加拿大、芬兰等国家和地区销售。

② 格拉斯哥（Glasgow）：苏格兰第一大城市与第一大商港，英国第三大城市。该市目前已成为英国及苏格兰首屈一指的重要金融中心及重要港口，也是重要的宗教与学术城市，2003 年被选为"欧洲体育之都"。

③ 英联邦运动会（Commonwealth Games）：原名英帝国运动会（British Empire Games），始办于 1930 年，1978 年更名为英联邦运动会。运动会每四年举行一届，与奥林匹克运动会相间举行，限英联邦成员国或其附属国及地区运动员参加。

竞争。同时，公司也将其纸箱和多用包装设备从特雷迪加（Tredegar）[①]转移到了米尔顿·凯恩斯（Milton Keynes）[②]，暂时承担了资本支出的膨胀以及双重的运行成本。

回顾过去五年，这家企业创造了20.6%—21.7%的总股本回报率，平均回报率达21.2%。此外，在连续三年的时间里计算，其边际回报在18.8%—24.5%，这让人们对可持续性有了一定的信心。而它的留存比率在57%—59.8%之间变化，平均值为58.8%。

在第五年年末，我们有了下一年（2021年）的收益预期，为6120万英镑。现在出现了一个常见的问题：如何在一个合适的倍数中计算这一价值。

在经典的复合收益模型中，我们应该使用英国基准十年期政府债券当前收益率的倒数。这是因为，收益目前可以通过利率来替代，这一利率来自购买金边债券利率价值的倍数。但是在一个超低利率的环境中，这可能就意味着一个超过50倍的市值倍数！

一种可供替代的选择，是使用当前预期的市盈率倍数。在A. G. 巴尔公司的案例中，这个数值是18.5倍，这是基于对2016年收益的普遍预期来计算的。这个预测的股本价值为11.322亿英镑。

另一种可供替代的选择，也是我偏爱的，是使用英

① 特雷迪加（Tredegar）：英国威尔士南部的一座城市，是南威尔士早期工业革命的中心城市。

② 米尔顿·凯恩斯（Milton Keynes）：英国北部的一个小城，位于英国英格兰白金汉郡，距离伦敦约80公里，在英国的很多中国留学生都称其为"米镇"。

国股票市场的长期运行平均市盈率，这个数值大约是 15
倍。这种计算方式将把预测的股本价值降低到 9.18 亿英
镑。现在需要做的，就是合计 5 年来所支付的股利
（9840 万英镑），然后把它加到股本价值（9.18 亿英
镑）当中。这是投资的预期总回报，在这个案例中为
10.164 亿英镑。把它与当前股价进行比较，每年发生的
复合回报率是 10.3%。

为了具有吸引力，回报率必须补偿投资者在资本利
得和收入两个方面的通胀和个人所得税，并留下足够的
实际回报，使投资者值得冒险投资于股票。就我个人而
言，我认为一个 15% 的复合回报率是投资开始看上去真
正具有吸引力的起点。不过，10% 也还不错。5%，你将
面临无法获得真正回报的危险。

实际上，复合模型依赖于五个投入要素：

1. 当前市值（present market capitalisation）
2. 资本化率（市盈率）[capitalisation rate（PER）]
3. 股本回报（return on equity）
4. 原始股东股本（starting shareholder equity）
5. 股利支付率（pay-out ratio）

关于 1 和 4，毫无疑问；而关于 3 和 5 的使用，则
有一些很小的争议。但正如我们所见，2 更加主观，并
且有导致错误的可能。该模型的另一个缺点是，当前
股本回报（3）可能无法证明是可持续的。毫无疑问，
如果公司在财务上出现失误，这个模型将失败。该模
型的优点则在于，把股本回报作为核心支柱将其吸纳
了进来。

复合收益模型当然是有一些用处的。不过，就像基

于倍数的比率，它是建立在用以估值的会计模型基础上的。现在，让我们来看看一个可供替代的选择——贴现现金流，它是以用于估值的经济模型为基础的。

用于估值的经济模型

简单公式，与在会计模型中使用的那些一样，对投资者来说具有明显的吸引力，但却没有达到许多标准。

(1) 你还应该与哪些其他的公司或投资类别进行比较，以确定适当的倍数从而获得隐含价值？

(2) 倍数不是静态的。它们会随着标的企业和总体经济状况（general economic conditions）动态中的各种动向而变化。

(3) 利润、收益和资产衡量，甚至是收入确认，在计算中都是主观的。比如，如果这些指标能够通过在资产负债表中把现金支出转化为资本，而不是通过损益表把它作为开支勾销来提高，那么就会产生问题。

(4) 收益并不总是反映企业的现金流。

(5) 收益并不反映一家公司在其投入资本上赚取的回报率。

相比之下，用于公司估值的经济模型则侧重于现金的来源和用途。因此，现金支出记录在哪里并不重要。企业视角投资者只关心在企业生命周期中可能产生多少现金，以及它无法实现的风险。增长很重要，因为一家好的企业将能够在一个较高的利率［实际上就是息票

（coupon）］① 上来扩大现金收益，这一利率比用来把未来现金收益带回当前价值的贴现率更高。

贴现现金流模型

贴现现金流（Discounted Cash Flow，DCF）是最全面的估值技术。它允许对企业中现金流的每一个元素进行分析。然后，它把公司的价值与未来现金流联系起来，将其贴现到净现值。由于贴现现金流十分全面，它是公司在进行并购时评估价值的最常用技术。

大多数公司并不是为了经营一两年的时间就从地球上消失而成立的，都渴望基业长青。那么，根据一年或者两年的收益来评估一家公司的价值有什么意义呢？这是大多数基于倍数的估值方法存在的问题，比如市盈率和市盈率与增长比率。价值超过两年也会存在，并且在任何情况下，收益作为估值捷径如果转换为现金才是有用的，而事实却并非如此。

想象一下，你只打算持有股票 5 年的时间。在此过程中，你将看到 5 年的现金流的财富，但最终你将拥有的是资本价值的资产。如果在这一点位上卖出，你实际上是在进行清算，而对从你手中买入资产的人来说，资产的价值就是买家确定的清理价值（break-up value）或者未来的现金流。在这种情况下，你卖出资产的价格就称为"终值"或"剩余价值"（terminal or residual value）。

———————————

① 息票（coupon）：附印于各种债券面上的利息票券，即证明付款人应支付利息的证明书。多用于中、长期债券，到付息日期时，凭息票领取利息。

贴现现金流估值，依赖于对由公司引发的所有未来产生的收入及成本的评估。因此，它不能轻率地进行，因为这需要企业的大量详细信息作为投入要素。缺点在于对在预测现金流中做出的假设的敏感性；更关键的是，对在达到净现值时所采用的贴现率的敏感性。

在进行预测时，通常会有一个特定的预测期，在此期间，关于收入、毛利和所有成本的发展都可以做出明确的假设。过了这个特定的时期，就会有一种"稳态"（steady state）的默认假设发挥作用，即假定企业经营中的长期增长近似于经通胀调整后的经济增长率。

在经典模型中，采用的贴现率是公司的加权平均资本成本（Weighted Average Cost of Capital，WACC）。加权平均资本成本是公司企业价值中债务的占比乘以公司的当前借款利率，再加上股本占比乘以公司股本的预期回报。

股本的预期回报，取决于资本资产定价模型（CAPM）；反过来说，则是有效市场假说（EMH）的产物。它是由市场决定的，并且通常基于把期限与特定预测期相比较的金边债券收益率。随后，溢价被附加到了这一无风险的利率上，以反映被评估公司的额外风险状况。这个溢价由市场风险溢价乘以公司股价与市场的波动系数［即股票贝塔值（stock's beta）］①构成。我计算的基础是，真正的风险是基于生意的，也就是判断公司及其市场的风险有多大，这与股价波动没有任何关系。出于

---

① 股票贝塔值（stock's beta）：也称贝塔系数，量度股票投资系统风险的指标。该指标用来量化个别投资工具相对整个市场的波动，将个别风险引起的价格变化与整个市场波动分离开来。

这个以及其他原因，我相信有效市场假说和资本资产定价模型的整座大厦都是建基于沙堆之上的。

所以，同经济利润一样，我采用了一种傻瓜方法，把整件事情都颠覆了。我认为，股票投资者理性的预期，是实现每年10%的复合总回报率。这就变成了公司的股本成本，而且我正是用这10%贴现了未来现金流。我忽略了公司资本结构中债务的占比（债务总是比股本便宜）。不可否认，使用10%确实是一个很高的门槛，在投资时，宁可犯站在保守主义一边的错误。

除了获得特定的未来自由现金流之外，投资者还拥有终值。这一价值也可以用以下三种方式之一，从一开始就折算回净现值当中。

(1) **基于增长的方法**。假定现金流的稳定状态增长永久保持，并用戈登增长模型（Gordon's growth model）① 计算出它们的折现价值。这表明，未来现金流的现值（P）如下——C是下一年的现金流，d是贴现率，而g是现金流永久的预期增长率：

$$P = C \div (d-g)$$

(2) **基于市场的方法**。在多个普遍的类似公司的样本上，计算最后一年贴现现金流的价值。

(3) **基于资产的方法**。在预测期结束时，把账面价值或股东资金折算回现值。

———————

① 戈登增长模型（Gordon's growth model）：又称"股利贴息不变增长模型""戈登模型"。在大多数财经学和投资学方面的教材中，该模型是一个被广泛接受和运用的股票估价模型，通过计算公司预期未来支付给股东的股利现值来确定股票的内在价值，它相当于未来股利的永续流入。

最常用的方法，亦即我经常使用的方法，是基于增长的剩余价值计算。我通常会准备未来 3 年的特定预测。然后观察公司的股本回报及其留存比率。那么，收益增长率就是股本回报率和留存比率的乘积。我将为估测期的第 4—5 年使用这一增长率，把它在第 6—10 年减半，然后假定增长率状态稳定，比得上西方世界国内生产总值（Western world GDP）的长期增长，即年均 2.5%。

表 9-4 展示了我如何执行一个贴现现金流的实例，这里再次使用 A. G. 巴尔公司的案例。在明确预测之后使用的 11.8% 的自由现金流增长率，来自最新 20.6% 的股本回报率乘以最新 57% 的留存比率。截至本书截稿时，估计的每股公允价值（478 便士）比股价低了 9% 左右。言下之意是，你的目标，即在投资上 10% 的年复合总回报率，将取决于支付的股利。这意味着，根据这些估计和当前股价，你肯定不会在低于票面价值时获得单位资本价值。

表 9-4　　　　　A. G. 巴尔公司简单的贴现现金流估值

（货币单位：百万英镑；另有说明除外）

A. 明确的预测期（A=真实，F=预测）

至每年 1 月	2014A	2015A	2016F	2017F	2018F
营业额	254.1	260.9	261.0	272.0	284.0
息税前利润	34.7	38.8	41.8	44.3	46.9
折旧和摊销	6.7	7.0	8.0	9.0	10.0
其他交易项*	0.3	0.9	0.3	0.6	0.6
总现金流	41.7	46.7	50.1	53.9	57.5
实收（付）利息	-0.4	-0.2	-0.8	-0.3	0.1
已交税金	-7.7	-7.0	-8.6	-9.0	-9.4
净现金流	33.6	39.5	40.7	44.6	48.2

续表

至每年 1 月	2014A	2015A	2016F	2017F	2018F
营运资本	7.8	5.1	0.0	-0.9	-2.2
资本支出	-13.3	-18.0	-24.0	-15.0	-12.0
自由现金流	28.1	26.6	16.7	28.7	34.0
折现率（%）**	—	—	1.6	10.0	10.0
自由现金流的净现值	—	—	16.4	25.7	27.7

B. 不明确的预测期

至每年 1 月（单位：百万英镑）	2019	2020	2021	2022	2023	2024	2025	2026
上年度自由现金增长率（%）	11.8	11.8	5.9	5.9	5.9	5.9	5.9	2.5
自由现金流	38.1	42.5	45.1	47.7	50.5	53.5	56.7	58.1
折现率（%）	10	10	10	10	10	10	10	10
自由现金流的净现值	28.1	28.6	27.5	26.5	25.5	24.6	23.7	22.0

C. 贴现现金流估值	实际	净现值						
2016—2018 年自由现金流的净现值	79.4	69.8						
2019—2025 年自由现金流的净现值	334.1	184.5						
2025 年以后自由现金流的净现值***	774.5	323.3						
		577.6						
增加现金/扣除债务		-19.8						
企业价值		557.8						
完全摊薄的已发行股份（百万）		116.8						
每股公允价值（便士）		478						

说明：*固定资产销售额、基于股票的支付和补充养老金支付上的投资减值（impairment）、损失（利得）。

**贴现现金流从会计年度结束时准备了两个月，因此 2016 年的贴现率较低。

***戈登增长模型：净现值=2026 年自由现金流 5910（表中为 5810）万英镑÷（贴现率-增长率）7.5%。

如果这一切听起来相当复杂，那是因为它本来就复杂。但幸运的是，你可以走一条捷径。使用10%的折现系数的另一个妙处是：

2015年，A. G. 巴尔公司创造了2660万英镑的自由现金流。作为一种年金评估，并在现金流中以10%的折现率折现，得出的净现值为2.66亿英镑（2660万英镑÷0.1）。你可以把它与当时的市值进行比较——本书截稿时为6.13亿英镑。这意味着目前市场价值的43%（266÷613）是由现有业务来代表的，而57%代表着尚未通过管理层远期计划兑现的增长。在理想的情况下，你期望目前市值的100%是由现有业务来代表的，这意味着你正在无偿地得到远期计划的前景。

通过对这一章的总结，下面的对比提供了对两种最常见估值方法优缺点的总结。不用说，我偏爱的是经济模型，关注的是现金而非利润。然而，使用多种方法并比较它们的结果总是有益的。

市盈率的优缺点

市盈率的优点	市盈率的缺点
简单易用	无法处理不稳定交易
以历史数据作为基准的可用性	不假定企业会永远持续
新闻出版业和财务分析师最常用的方法	假定利润总是现金的令人满意的代表

贴现现金流的优缺点

贴现现金流的优点	贴现现金流的缺点
获取关于未来收入增长趋势的信息	主观性：对贴现率的假设和选择
基于现金而非利润	处理剩余价值的方法
允许在关键评估参数上进行敏感性分析	缺乏判断估值的市场基准

第十章

投资组合管理

真正出色的公司，数量相当少，它们的股票往往也很难以低廉的价格买到。因此，当有利的价格出现时，应当果断出手把控先机。

——菲利普·费雪（Philip Fisher）

当优秀的公司受到不寻常环境的影响，从而导致它们的股价被错误地评估时，往往会出现千载难逢的投资机会。在确认一家出色的公司后，你必须确定这家公司的股票能够以远低于其真正经济价值的价格买到。

在这一章里，我将讨论什么时候是买卖股票的合适时机，你所承担的风险的本质是什么，你该如何将自己的投资组合集中在你深信的投资上，以及股利对你的总回报可能有多重要。

安全边际

除了关心评估一家企业的质量之外，"企业视角投资"也是一项以远低于 1 英镑的价格买到价值 1 英镑硬币的技能。要想成功地实践，只需要做两件事。首先，你必须具备能够对标的企业的内在价值做出粗略估计的知识，这就是第九章讲到的所有内容。其次，你必须拥有严谨精密的理性头脑，以确保你只在远低于你认为值得的价格上买进一家企业。

成功的投资要求，在你付出的价格和你得到的价值之间存在一个实质性的差异。这就是你的安全边际（margin of safety），它是能给你带来超乎寻常投资利润的价格—价值差距的最后保障。如果一家公司的股价总是等于其内在价值，那就不会有超乎寻常的利润潜力。而且有一个因素，这个因素远远超过其他任何因素，决定了从金融资产中获得的回报就是你在一开始为它所支付的价格。

　　幸运的是，市场既不是一直都高效的，也不是一直都理性的。市场价格和企业价值可能会偏离几周、几个月甚至几年。你无法预测这种偏离会用多长时间消失，但你知道它终将消失。唯一美中不足的是凯恩斯的警告：市场保持非理性状态的时间，可能比你保持偿付能力的时间更长！投资分析总是包括考虑价值和价格两个方面：给你自己最大的成功机会的方法，是获得比你付出的价格更多的价值。

　　在其他所有条件相同的情况下，购买一家高回报的公司，比起购买一家资本回报平淡无奇的公司来，你并不需要在内在价值上打同样大的折扣。从一开始，你就会得到颇具吸引力的现金收益率，外加企业价值的未来增长。

风险与多元化

　　现代资产组合理论（Modern Portfolio Theory，MPT）主张，在基金中持有得越多，就会减少越多的风险。这是因为它将风险等同于股价波动，而不是标的企业的经济前景。当然，如果你需要清算，那么就会有一个真正的风险，即价格在任何一天都有可能对你不利。不过，如果你的投资期限如此之短，并且无法承受下跌的代价，那你根本就不应该投资股票。

　　如你所知，我并不认同现代资产组合理论。我倾向于把投资集中在我认为自己非常了解的相对很少的公司上。我一般会在合适的公司中拥有大约25—35只股票的所有权。传统的投资组合多元化，只不过是让你勇于坚持信念的心理安慰。

我认为，真正的风险在于投资错误的企业。通过把越来越多的公司装进你的投资组合当中，你几乎可以肯定的是：在这样一个边缘上添加企业，即你对所添加企业的了解，要相对少于你之前那些高度确信的投资。这增加了支持一家毫无价值公司的风险。所以我认为，过度多元化实际上增加了企业经营风险。

同时，我承认这种集中可能会增加股价的波动，但我并不担心这一点，因为比起一个平滑安稳的10%，我更喜欢一个颠簸振荡的15%的年平均回报率。

集中投资

沃伦·巴菲特在纽约证券分析师协会（New York Society of Security Analysts）①的演讲中，巧妙地总结了集中投资的实践者的机会：

> 这个世界上很多伟大的财富，都是由单独拥有一家美妙企业而创造的。如果你深知这家企业，就无须拥有太多。（A lot of great fortunes in this world

---

① 纽约证券分析师协会（New York Society of Security Analysts）：美国纽约的一个行业协会，首次活动举办于1937年，如今已成为投资界最有影响力的论坛之一，截至2016年拥有一万多名会员，其规模在包括美国特许金融分析师学院（Chartered Financial Analysts Institute）在内的全球135家协会中首屈一指。

have been made by owning a single wonderful business. If
you understand the business, you don't need to own very
many of them.）

　　传统的投资组合多元化的问题在于，它增加了对太
多公司进行投资的机会，却对这些公司知之甚少。因此，
我把自己限定在那些我首先熟悉、其次非常了解的企业
当中。这就是我所谓的通过我的"能力圈"（circle of
competence）来限制自己。太多投资者的能力圈似乎都
是面宽度浅，我的则恰恰相反。我一直致力于投资我所
熟知的卓越企业的可扩展性，我认为这样可以降低经济
风险。

　　投资者似乎对运用集中型（也就是较少的多元化）
投资组合有一种普遍的厌恶情绪。然而，讽刺的是，指
数跟踪基金却通常被认为风险较低。富时国际有限公司
（FTSE International Limited）① 2015 年 12 月 31 日发布的
情况说明书中显示，富时全股指数（FTSE All-Share
Index）的市值已经高达 2.03 万亿英镑。在这当中，前
十位的成分股占据了 6170 亿英镑的份额，占总市值的
30.3%。事实上，这一点让对富时全股指数的任何跟
踪——实际上也包括对类似指数的任何跟踪（编制这些
指数的为数不多的大公司，它们的特点与富时国际有限
公司的特点不尽相同）——都高度集中，而且还拖了一

――――――――

　　① 富时国际有限公司（FTSE International Limited）：国际首屈一指的指
数编制及管理公司，其富时指数（Financial Times and Stock Exchange,
FTSE）在伦敦、法兰克福、马德里、巴黎、纽约及东京都设有办事处，为
全球 77 个国家的客户提供服务。

根巨大的尾巴。

我的建议是：首先，选择几家公司，这些公司从长远来看很有可能产生高于平均水平的回报，然后将你的大部分投资都集中在它们的股票上。其次，要确保你在任何短期市场躁动期间，都有保持稳定的脑力。这与大多数人认为的投资组合管理是或者应该是的样子截然相反。正如沃伦·巴菲特之于戈登·盖柯（Gordon Gekko）①。

在一家以不高的价格—价值比率出售的简单企业中，而不是没有什么安全边际的少数复杂企业中，获得一个有意义的利益，有什么是比这样做更明智的呢？之后，你继续支持简单的企业，让它的经营业绩随着时间的推移而提高。集中投资者就像扑克玩家，当他们认为胜算很大时，甚至会押上全部身家。

何时卖出

一旦致力于一项投资，我就会让公司的经营业绩而不是股价告诉我，这项投资有多么成功。这是因为，我是一个相信投资者的主要风险基于企业而非股票市场价格的长期合作伙伴。

长期持有的另一个好处，其表现形式为控制投资组

① 戈登·盖柯（Gordon Gekko）：影片《华尔街》（Wall Street）中一位翻云覆雨的金融大鳄。他贪婪成性，不择手段地在幕后操纵股票行情，结果却败在一位良知尚存的年轻营业员手上，之后锒铛入狱，出狱后准备再次投身股市时却发现早已今非昔比。

合的周转次数。反复的买卖会带来退出和再进入的交易成本，如经纪费、税费和印花税。这些摩擦性成本（frictional costs）① 会随着时间的推移而损耗回报。

话虽如此，我仍然可能出于以下几个原因之一而卖掉投资组合：

（1）**犯错误**。现实情况远不如你最初设想那般美妙。每个行事果断的人都会犯错误；所以，承认错误，从中学习，并下定决心不再重复错误。就像查理·芒格说的那样，要在心里不断警醒自己犯过的错误。当犯了错误，股票可能在一个很小的利润上出售时，投资者的自负情绪往往会有所缓解。不愿意承担哪怕很小的损失，这往往会让他们坚持持有直到能够解套，但结果甚至更糟。你很难在一开始就亏钱的情况下把钱赚回来。要敢于承认自己失败的投资，然后懂得"悬崖勒马，回头是岸"。

（2）**持久的恶化**。这个原因可能适用于特许经营公司的增长前景或公司的管理。正如伊斯曼·柯达公司（Eastman Kodak）② 的投资者所能证明

---

① 摩擦性成本（frictional costs）：通过中介机构而不是直接投资于市场所产生的边际成本。

② 伊斯曼·柯达公司（Eastman Kodak）：全球领先的成像解决方案零售商，总部位于美国纽约罗彻斯特。2003年9月，柯达宣布进行重大战略转型，业务重心全面向数码、医疗影像以及喷墨打印机等领域倾斜，试图改变颓势。但著名投资人卡尔·瑟雷安·伊坎（Carl Celian Icahn）却在2004年年初选择从柯达撤资，他表示并不看好柯达的战略转型。2017年，公司公布了第三季度业绩，收入3.79亿美元，净亏损4600万美元，决定继续裁员425人。

的那样，颠覆性技术是一个强有力的威胁。面对技术陈旧，柯达拿出了部分专利收益和现金流，将之投进了在其核心竞争力之外的另一个不断衰落的行业——印刷业。最终，它被自己的数码摄影发明所摧毁！有时，一家公司在经历一次惊人的增长爆发后，可能会耗尽其市场潜力。公司开始变得懒惰或顽固，在这一过程中忍受市盈率的压缩。可能最常见的原因，不过是管理的变化和恶化。要么是为实现多元化的大量新的尝试，要么是没有使公司保持张弛有度的能力、动力和创造力。

（3）**转型**。已经找到了另一项卓越的投资，但是你没有多余的现金去购买它。转型是潜在的危险，因为你有可能在冒把旧黄金换成镀金塑料的风险。持有一项投资一段时间，通常会让你对企业的特点拥有很好的洞察力——企业的特点会毫无保留地展现；但如果换成一项新的投资，这种洞察力可能就会十分薄弱。

（4）**过于膨胀的资产价格**。有时候，在资产泡沫之中，市场价格会与经济现实脱节。互联网繁荣与萧条就是关于这一点的最好例证，而2015年年底我开始写本书时的债券市场可能也是一样。投资者纷纷贱卖资产，收回自己的资金。更特别的情况可能是，一家投资公司的估值暂时被大幅高估，上升的高度较之于其历史状况和同类群体，显得很是荒唐。在汹涌的互联网繁荣中的赛捷集团就是一个例子，正如我们在

第五章中看到的那样。

（5）思罗克莫顿大街上的噩梦。这正是"黑天鹅经济事件"（black swan economic event）[1] 加剧了本已恶化的经济环境的时候。一个很好的例子是，1973 年 10 月，油价在紧随而来的斋月战争（Yom Kippur War）[2] 中上涨了四倍。而在此之前，随着高通货膨胀、较高的利率和公司倒闭，商业气候已经日益恶化。像这样的雪上加霜，通常会砍倒森林中的每一棵树。不幸的是，你很难先知先觉地预见未来。

抛售的最糟糕的理由，就是仅仅为了明确利润。最好的警句之一就是：截住亏损，让你的利润尽情奔跑。不幸的是，这有悖于大多数人的焦虑。

股利的重要性

我更希望公司在有可能的情况下，将收益再投资于有吸引力的高回报率上。这样做之后，如果公司能为每 1 英镑的留存收益创造至少 1 英镑的市场价值，那就是在做正确的事情。永远不要忘记，付出去的钱会引来税务人员的兴趣；反之，当钱留在公司，那么从它到公司

---

① 黑天鹅经济事件（black swan economic event）：即黑天鹅事件（Black Swan event），指非常难以预测且不寻常的事件，通常会引起市场连锁负面反应甚至颠覆。

② 斋月战争（Yom Kippur War）：指 1973 年 10 月 6 日，埃及、叙利亚和巴勒斯坦游击队反击以色列的第四次中东战争。

那一刻起就会变得更加安全。

再投资机会是那些拥有巨大国内市场的美国公司比英国公司有优势的地方。在不得不承担在国内市场之外扩张的额外风险之前，还有很多事情要做。比如，伯克希尔·哈撒韦公司从未支付过股利；它总是将现金重新投资回现有企业当中，或者进行并购，而且几乎总是在美国。

尽管如此，股利收入确实构成了投资总回报的一个不可或缺的组成部分；另一个组成部分是资本增长。不过，股利远不只是对收入增长很重要。在把一个管理层能够理性对待资本配置的公司作为投资前景进行评估的过程中，股利提供了一种有用的检验方式。

公司能够产生足够的自由现金来负担其再投资的需求，并且最后仍然拥有一些剩余的现金以奖励其股东，如果没有这两点，那就不可能每年支付股利。采用渐进的股利政策，有时伴随着周期性的盈余资本回报（通过股票回购或特殊股利），是管理层具备所有者眼光的一个极好的标志。支付股利，而不是在希望多于预期的状态下囤积现金，是一种非常好的管理品质。

研究表明，股利在可从股票获得的总回报中所占的比例始终很高。从 2000 年年初到 2009 年年底股权投资"失去的十年"（lost decade）① 期间，富时全股指数从

① 失去的十年（lost decade）：指一个国家或地区陷入长期经济不景气的状况持续达 10 年左右才逐渐转好。曾经出现过这种情况的国家和地区包括：英国第二次世界大战后的 1945—1955 年；拉丁美洲在 20 世纪 80 年代的长期经济低迷；日本在泡沫经济崩溃后自 1991 年开始到 2000 年初期的长期经济不景气。

3242 点降至 2751 点，跌幅超过 15%；但相应地，基于股利再投资的总回报指数（Total Return Index）从 3051 点上升到 3591 点，上升了近 18%。

此外，长期来看，派息（dividend-paying）的股票表现似乎要优于非派息的股票，并在经济困难时期表现出较强的相对回报。本杰明·格雷厄姆和戴维·多德（David Dodd）[1] 首先指出了其中的投资悖论。股东从资本和盈余资金中抽取的股利越多，他似乎就更看重剩下的资本和盈余资金，并认为它们的价值就越大。

*   *   *

行文至此，不再赘言。要记住的是：只在你得到的价值看起来要比你被要求支付的价格更多时才购买。把投资集中在你熟悉的公司里。买入并长期持有，让投资的成功根据企业的表现来判断，而不是根据股价来判断。只有在出现某些问题的时候才卖出，而绝不仅仅只是为了明确利润。最后再强调一点，如果没有令你足够心动的理由，宁愿选择利润丰厚的再投资，而不选择股利；退而求其次，宁愿选择股利而非囤积现金。

---

① 戴维·多德（David Dodd）：《证券分析》作者，哥伦比亚大学商学院副院长、教授，曾任美国金融协会副主席、美国经济学会会员、社会科学研究理事会成员。格雷厄姆的助手、追随者和忠贞不渝的伙伴。

结　　语

我认为，好的企业和坏的企业之间有 10 个基本的区别。下面的表格总结了这些内容。

好的企业	坏的企业
1. 简单	1. 复杂
2. 可扩展的和成长的	2. 停滞的或衰退的
3. 令人满意的利润率	3. 微不足道的利润率
4. 创造自由现金	4. 消耗现金
5. 可预测的	5. 不可预测的
6. 良好的履历	6. 糟糕的履历
7. 轻资产	7. 重资产
8. 价格制定者	8. 价格接受者
9. 专利产品	9. 商品产品
10. 专注管理	10. 不专注管理

通过对公司竞争地位的全面分析，包括分析公司的增长记录、销售额和资本的利润率，以及公司将收益转化为自由现金的能力，你将拥有决定企业形态所需的 90% 的信息。缺少的 10% 是对管理层更加主观的判断，尤其是当许多历史数据都是由先前的管理团队所创建的时候。

一旦通过某一公司的业务质量确定了这家公司的吸

引力，接下来就该转向估值。我重复一下我的投资信条：

一家以极好的价格买到的优秀企业，总是会随着时间的推移而成为一项出色的投资。

只有当你认为你在经济价值中得到的和你被要求支付的价格之间存在明显的安全边际时，你才可以改变立场。当这种安全边际确实存在时，那就铆足劲儿一锤定音，并投入大量的资本进行投资。

进行投资之后，让时间和复利来施展它们的魔力。除非有非常明确的原因，否则一定要抵制出售持有股份的诱惑。避免仅仅为了明确利润而出售股份。截住亏损，让你的利润尽情奔跑。如此，你定能在通往投资启迪和成功的道路上尽情驰骋。